本书系河北省教育厅2018年重点项目"新时代下京津冀
（项目编号：SD182013）的研究成果；河北省教育厅2015年
企业融资模式理论创新"（项目编号：SZ16145）的研究成身

财务管理
与成本控制研究

◎ 刘建华　安海峰　王雪艳　著

吉林大学 出版社

·长春·

图书在版编目（CIP）数据

财务管理与成本控制研究 / 刘建华，安海峰，王雪艳著． -- 长春：吉林大学出版社，2020.5

ISBN 978-7-5692-6458-6

Ⅰ．①财… Ⅱ．①刘… ②安… ③王… Ⅲ．①企业管理－财务管理－研究②企业管理－成本控制－研究 Ⅳ．① F275

中国版本图书馆 CIP 数据核字（2020）第 073078 号

书　　名　财务管理与成本控制研究
　　　　　CAIWU GUANLI YU CHENGBEN KONGZHI YANJIU

作　　者　刘建华　安海峰　王雪艳　著
策划编辑　魏丹丹
责任编辑　魏丹丹
责任校对　张文涛
装帧设计　凯祥文化
出版发行　吉林大学出版社
社　　址　长春市人民大街 4059 号
邮政编码　130021
发行电话　0431-89580028/29/21
网　　址　http://www.jlup.com.cn
电子邮箱　jdcbs@jlu.edu.cn
印　　刷　河北纪元数字印刷有限公司
开　　本　787mm×1092mm　1/16
印　　张　13
字　　数　240 千字
版　　次　2020 年 5 月　第 1 版
印　　次　2021 年 1 月　第 2 次
书　　号　ISBN 978-7-5692-6458-6
定　　价　56.00 元

前　言

改革开放以来，我国经济体制和企业机制的改革为企业财务管理与成本控制的发展提供了良好的机遇。完善的财务管理和成本控制是企业发展的基础和实现价值的核心，贯穿企业生产经营过程的始终，影响企业的核心竞争力与未来发展的潜力，在市场经济带动下为企业提供流畅的资金链和广阔的发展空间。由此可见，在经济转型和社会主义市场经济逐渐完善的背景下，良好的财务管理与成本控制是企业实现可持续发展的关键。因此，从成本控制出发，推进财务管理目标的实现，可使企业的利润实现最大化。

近年来，关于财务管理与成本控制的学术研究出现了一些新的动向，财务管理与成本控制的理念、主体及方法等内容都发生了重大的变化。作者在此基础上撰写了《财务管理与成本控制研究》一书。

全书共分为7章，按照由浅入深、由易到难、循序渐进的写作思路展开论述与研究。以财务管理战略、成本管理、成本控制为横线，以经济效益存在的问题及其解决措施等为纵线，通过交叉论述，突出了财务管理与成本控制的基本概念、基本理论和基本方法，体现了财务管理与成本控制领域取得的一系列进展和创新。

本书具有两个突出的特点。一是将理论作为基础，全面、系统地阐述了企业财务管理的细节，深刻地剖析了成本管理体系，进一步丰富和完善了财务管理与成本控制的内容。二是论述科学、严谨，结构完整，与主题紧密呼应；书中结论基本都是在实践的基础上总结得出的，做到了实事求是，有理有据。

作者在撰写本书的过程中查阅了大量的资料，借鉴了很多学者、专家的宝贵经验，在此向他们表示衷心的感谢。由于作者水平有限，本书难免存在不足之处，敬请广大读者给予批评和指正。

刘建华

2019年9月

目　录

第1章　财务管理概述

财务管理作为一项金融管理工作，主要负责策划企业财务活动、管理企业财务关系。因此，只有对企业的财务活动与财务关系进行深入的研究，才能更好地理解财务管理的内涵。

1.1　财务管理的基本概念

1.1.1　企业财务活动

企业财务活动是指围绕现金的收入与支出开展的企业资金收支活动。在社会主义市场经济的背景下，所有的物资都反映了不可或缺的社会劳动力，以及社会再生产过程中物资所具有的价值，即资金。资金是企业在市场经济大背景下开展生产经营活动的基础。企业开展生产经营活动的主要表现可以分为两点：一是持续性地买进和出售物资，二是资金的支出与收入。企业财务活动的单独表现由企业财务的收入和支出组成。

企业的财务活动可分为四个方面，分别是企业筹资引起的财务活动、企业投资引起的财务活动、企业经营引起的财务活动和企业利润分配引起的财务活动。

1.1.1.1　企业筹资引起的财务活动

资金是企业开展生产经营活动的基础。企业资金收入表现为发行债券、吸收直接投资、发行股票等；企业资金支出则表现为企业偿还借款、支付利息、支付股利以及支出各种筹资费用等。企业因筹集资金而产生的资金的收入与支出，便是企业筹资而引起的财务活动。

企业管理者在筹集资金的过程中，要提前确定企业筹集资金的数目和方式。企业管理者在制订筹资决策时必须考虑以下两点：一是确保筹集的资金能够支持企业顺利地开展生产经营活动；二是确保企业能够应对筹集资金可能引起的各种危机，不会因为偿还能力不足而陷入财政危机。

1.1.1.2 企业投资引起的财务活动

在生产经营活动中通过投资来获取利润是企业筹集资金的最终目标，并以此使企业自身的能力和水平得到提升。投资主要分为两种：企业使用筹集的资金购买企业经营所需的无形资产和固定资产，属于企业的对内投资；而企业使用筹集的资金购买其他企业的债券和股票、并购其他企业、与其他企业展开合作等则属于企业的对外投资。如果企业变卖其通过对内投资获得的无形资产和固定资产，或者收回对外投资，就会产生资金收入，这就是企业投资引起的财务活动。

由于企业的经济能力有限，企业在进行投资时，倾向于在可带来更大效益的项目上投入更多的资金。一般情况下，投资的收益要经过相当长的时间才有所体现。因此，企业管理者在对投资案例进行分析时，不仅要分析资金的收入与支出，还要考虑企业获得收益的时间。一般情况下，一个投资项目的好坏与其获得收益的时间呈反比。

投资项目都存在风险，企业管理者需要对可能导致危机的因素进行统计，制订多个应对方案。

1.1.1.3 企业经营引起的财务活动

企业的生产经营活动势必会引起资金收入与资金支出。一方面，企业需要购买商品或者材料，以便开展销售和生产活动，同时还要支付员工的薪酬和营业所需的费用，由此产生资金支出；另一方面，企业在售出商品或产品后会获得收益，由此产生资金收入。一旦企业的资金状况不足以支撑企业的生产经营活动，那么企业就需要通过短期借贷来获得资金。这种由企业的经营活动引起的企业资金的收入与支出就是企业经营引起的财务活动。

企业经营引起的财务活动的核心要素是资金的流转问题。在企业开展生产经营活动的过程中，资金流转的速度越快，就越可以利用等量的资金生产出更多的商品，从而获取更为丰厚的利润。因此，如何提高资金的流转速度，使资金得到最大限度的利用，是企业管理者在企业的生产经营活动中需要重点关注的问题。

1.1.1.4 企业利润分配引起的财务活动

企业在开展生产经营活动的过程中，通过对外投资可获得一定的利润。企业在分配时获得的利润要遵循一定的标准。首先，企业要依法缴纳税款；其次，企业需要用获得的利润弥补企业的损失，提取公积金和公益金；最后，企业要将获得的利润分配给投资人。这就是企业利润分配引起的财务活动。

企业管理者在分配获得的利润时，需明确股利支付率的高低，即确定分配给投资人的税后利润。如果股利支付率较高，企业就需要支出大量的资金，影响企业二次投资的水平；如果股利支付率较低，投资人就可能会产生不良情绪，已上市的企业的股价甚至可能会因此大幅下降，使企业的市值受到影响。因此，企业管理者必须要结合企业的实际状况，制定利润分配的最优制度。

上文阐述的四个方面的财务活动关系密切、彼此依托，共同构成了企业的财务活动。这四个方面的财务活动也体现了财务管理的基本内容，即企业筹资管理、企业投资管理、企业经营资金管理和企业利润分配管理。

1.1.2 企业财务关系

企业在开展财务活动时与相关各方面产生的经济联系就是企业财务关系。例如，企业的筹资、投资、经营以及利润分配与企业生产经营的各个环节都息息相关。企业财务关系通常可分为以下七个方面。

1.1.2.1 企业与其所有者之间的财务关系

企业的所有者向企业投入资金，企业将投资所得的资金回报给企业的所有者，这就是企业与其所有者之间的财务关系。企业的所有者一般可以分为四种，分别是法人单位、个人、外商、国家。企业的所有者要依据筹资的章程、协议、合同中的相关规定履行筹资的义务，保证企业能够及时、足额筹得资本金。企业在开展生产经营活动时运用资本金获得利润后，要按照章程和合同中的标准或按照企业所有者出资的比例，向企业所有者分配企业获得的利润。企业所有者和企业之间的财务关系表现了所有权的本质特点——企业所有权模糊的共有性①，对所有权和经营权之间的关系做出了说明。

1.1.2.2 企业与其债权人之间的财务关系

债权人将资金借给企业，企业在规定的时间内按照借款合同中的要求，偿还债权人本金并支付利息，这就是企业与其债权人之间的财务关系。企业在开展经营活动时向他人借入一定数目的资金，可以使企业在缩减成本的同时扩大经营规模。企业的债权人通常可以分为四种，分别是持有债券的人、贷款机构、提供商业信用的人和将资金借给企业的机构或个人。企业使用债权人的资金之后，需要按照合同约定的利率支付利息、归还本金。企业与企业债权人之间的关系实际上就是债务和债权之间的关系。

1.1.2.3 企业与其被投资企业之间的财务关系

企业可通过直接投资或购入股票的方式向其他企业投入闲置的资金，从而与被投资企业形成经济上的联系，即企业与被投资企业之间的财务关系。企业应该履行约定的出资义务，对被投资企业进行投资，参与被投资企业的利润分配活动。企业与其被投资企业之间的财务关系实际上就是所有权性质的投资和受资之间的关系。

1.1.2.4 企业与其债务人之间的财务关系

企业将资金转借给其他单位时，往往采用商业信用、贷款和买入债券等方式，而由此产生的财务关系就是企业与其债务人之间的财务关系。企业有权利在将资金借给其他单位后要求债务人按照规定偿还本金并支付利息。企业与其债务人之间的关系实际上也是债务人和债权人之间的关系。

1.1.2.5 企业内部各部门之间的财务关系

在企业生产经营的各个环节中，企业的各个部门会因提供劳务或产品而

---

① 企业本质上无法清晰地界定为单一主体所有，而是呈现出一个所有者谱系，即企业所有权具有模糊的共有性。

产生财务关系，这就是企业内部各部门之间的财务关系。在内部核算机制的背景下，企业的产、供、销部门对彼此提供的劳务与产品需要计价结算。由此可见，企业内各个部门之间的财务关系，实际上就是企业内部各个部门之间的资金结算关系。

1.1.2.6 企业与员工之间的财务关系

企业向员工支付劳动薪酬就是企业与员工之间的财务关系。企业在向员工支付报酬、奖金、津贴时，需要以员工的劳动效率与劳动数目为参考，即实行按劳分配。企业与员工之间的财务关系，可以体现企业与员工之间的劳动成果。

1.1.2.7 企业与税务机关单位之间的财务关系

企业参照税法的相关规定缴纳税款时与税务机关单位之间产生的财务关系就是企业与税务机关单位之间的财务关系。所有企业在纳税时都要以国家的税法为标准，依法纳税。企业在纳税时，必须按时纳税、足额纳税。纳税是企业应当履行的义务，是在为国家的发展贡献力量。企业与税收机关单位之间的关系，实际上就是依法征收税款和依法缴纳税款之间的关系。

1.1.3 企业财务管理的特点

企业财务管理十分复杂，其涵盖的内容涉及多个方面，包括技术管理、劳务管理、销售管理、设施管理、财务管理、生产管理等。这些方面彼此联系，并且都具备个性化和分工明确的特质。

1.1.3.1 财务管理是一项综合性管理工作

财务管理是企业管理中的一项重要内容。随着企业的发展，企业管理在权利分配和工作分配的过程中，更趋系统化和专业化，逐渐形成了以管理价值、管理使用价值、管理劳动要素、管理信息等为核心的综合管理体系。为紧跟社会经济发展的趋势，企业在管理经营活动中会使用价值形式。使用价值形式，可以合理地策划和管理企业的全部生产经营活动和物质资源，持续提高企业的收入，实现企业效益最大化。因此，作为企业管理重要内容之一的财务管理是一项综合性的管理工作。

1.1.3.2 财务管理与企业各方面存在广泛的联系

在企业的生产经营活动中，财务管理和企业内部各个部门在资金方面的收入与支出活动有着密切的联系。财务管理渗透到了企业经营的方方面面。

企业内部的各个部门通过资金与企业的财务管理部门产生联系，各部门在企业财务管理部门的指导下，保证企业的资金得到充分、合理的运用。

1.1.3.3 财务管理能迅速反映企业生产经营状况

在企业财务管理的过程中，企业财务指标能够及时判断出企业的经营、决策是否适宜，反映企业的产品和技术可能存在的问题。例如，通过企业财务指标，可以了解到企业生产商品的销售情况，帮助企业做出正确的决策，带动生产和销售的发展，提升资金的流转速率，提升企业的利润。这也体现了财务管理与企业其他管理工作的联系。财务管理部门应当在工作中履行随时向企业负责人汇报企业财务指标波动状况的义务，为企业的经营发展提供参考。

综上所述，企业财务管理是企业管理工作的一部分，其实质是依据财务管理的规范，遵循相关法律法规，策划企业财务活动，协调企业的财务关系。

1.2 财务管理的目标

系统论指出，体系循环的好坏由目标决定。财务管理也是如此，企业财务管理体系受到企业财务管理目标的影响。因此，确定企业财务管理目标是一项非常重要的工作。

1.2.1 企业财务管理目标应遵循的原则

1.2.1.1 利益兼顾原则

投资方、债权人、企业管理者、公众与政府是企业的主要利益相关人员。为了明确企业财务管理的目标，应从整体、客观的角度出发，尽可能保障所有利益相关人员的利益。

1.2.1.2　可靠计量原则

通过可靠的计量方法，可以明确企业财务管理目标，使企业财务管理目标更具有应用价值。

1.2.1.3　有效控制原则

企业只有通过高效的监管与自身的积极进取，才有可能实现企业财务管理目标。如果企业财务管理目标不合理，可能会导致企业产生不可估量的损失。

1.2.1.4　可持续发展原则

企业财务管理目标应当能够解决即时运营问题，满足短期分配，使所有利益相关人员之间实现互补并同时进行统筹，从而将企业的发展能力发挥到极致，使企业得以稳固、长期并迅速发展。

1.2.2　企业财务管理目标的类型

财务管理目标是企业希望通过财务管理达成的目标，是判断企业财务管理活动是否合理的准绳。为了使企业的财务管理理论更加完备，对实际的财务管理进行有效的指导，必须确定合理的财务管理目标。财务管理目标可以反映企业财务状况的变化，是财务管理理论的行动方向与核心因素。

财务管理目标会影响财务管理的运行制度，因此，设定合理的财务管理目标，可以改善企业的财务管理行为，有利于企业实现利润最大化。合理的财务管理目标，不仅是构建合理的财务管理理论框架的必要条件，也是完善财务管理活动的必要条件。也就是说，财务管理目标对于财务管理的实际操作和理论都有着关键性的作用。

确立财务管理的最终目标是做好财务管理工作的先决条件。作为企业管理的一部分，企业财务管理应做到全面考虑，保证其目标与企业整体的最终目标相同。从实质上来讲，大部分企业的最终目标都是通过经营和生产活动，获取更大的经济效益，使企业自身的水平得到提升。由于不同企业的管理体系、发展规划不同，在财务管理目标方面也存在一定的差异。

1.2.2.1 以利润最大化为目标

西方微观经济学的理论基础是利润最大化。因此，国外的金融学者一般会根据利润最大化来判断企业的生产经营活动和业务水平。一些专家和学者认为，企业创造的经济效益表现为利润，利润越高，企业的经济效益就越明显，就越靠近企业的整体目标。也就是说，企业在固定时间内的经营收入与经营支出之间的数额差异就是利润额，在计算时应遵循收入费用配比原则，全面地反映出企业的投入与产出之间的关系。

企业的利润直接关系到股东权益。股东对企业净资产的所有权就是股东权益，包括股本、资本公积金、盈余公积金和未分配利润四个方面。其中，股本是指投资方投入企业的全部资金，在不增发的前提下，股本不会增加。资本公积金则是由资产重估增值、股本溢价等形成的。通常情况下，企业的经济效益不是由企业目前的经营状况所决定的，它主要表现在盈余公积金和未分配利润两个方面，而这两个方面容易受到利润的影响，如图1-1所示。因此，以财会的观点来看，以利润最大化为目标不仅有利于保证股东权益，还有利于企业的发展。

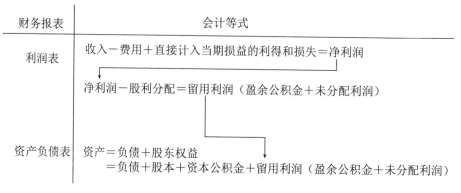

图1-1 财务报表之间的钩稽关系

如今，我国在大多数情况下仍然以利润的多少来评价企业的经营状况。例如，企业为了扩大股份而增加投资数额时，要对企业最近三年的盈利状况进行充分的调查；在对企业经理等员工的工作成绩进行评价时，一般会将利润作为核心指标。然而，利润最大化在长期的实践中也表现出以下不足之处。

第一，利润最大化没有将项目获得回报的用时纳入考虑的范畴。例如，目前有A和B两个可以进行投资的项目，且利润都是100万元。如果不对项目获得回报的时间加以考虑，就不能断定哪个项目更适合企业的发展。假如A项目与B项目相比，获得利润的用时较短，则A项目对于企业的发展更有意义。

第二，利润最大化没有将危机状况纳入考虑的范畴。通常情况下，利润越高，危机系数也就越大。如果为了实现利润最大化而选取危机系数较高的投资项目，就可能导致企业的发展受到严重的威胁。假设A、B两个投资项目的利润都为100万元，而且获得回报的用时相同，但是A项目所获得的利润的形式为现金，而B项目所获得的利润的形式为应收账款，可能存在无法收回的风险。显然，A项目对企业而言是更好的选择。

第三，利润最大化未将投入的资金与利润之间的关系纳入考虑的范畴。如果A、B两个投资项目利润都为100万元，获得回报的用时相同，并且所获得的利润的形式都是现金，但是A项目所需要的资金数额为100万元，而B项目所需要的资金数额为300万元，那么显然A项目优于B项目。

第四，利润最大化只能反映企业在过去某阶段的收益情况，不能体现企业在未来的收益状况。在图1-1中，虽然净利润可以保证股东权益，增加企业财富，但并不意味着企业持续经营和持久盈利的能力得到了增强，也不能保证股东在未来能够获得回报。

第五，利润最大化可能会令企业的财务策略朝着短期行为的方向发展。一般情况下，利润最大化会使企业将精力集中在企业的盈利上，忽略自身的未来发展。例如，企业为了提高经济效益，可能会缩减培训员工、购买技术设施、开发商品等方面的费用，这明显不利于企业的长远发展。

第六，如果仅以利润作为衡量企业经营状况的标准，可能会导致无法掌握企业经营的真实情况。在同样的财务状况下，财会处理方式的灵活性与丰富性会对利润造成不同的影响。例如，一些企业为了使现金收入有所提升，会变卖自身的资产。这种行为虽然看似有所盈利，但是企业的经济效益并没有得到实质性的提高。

综上所述，将利润最大化作为企业财务管理的最终目标有着一定的独断性，不是最优的财务管理目标。

1.2.2.2　以股东财富最大化为目标

通过有效地运用资金，为股东争取最大的经济效益，就是股东财富最大化。在股份制企业内，股东的资产由两个方面决定，分别是股票的价格和股东持有的股票数目。在股票数目固定的情况下，当股票价格的涨幅达到最高时，就可以实现股东财富最大化。因此，可以说股东财富最大化就是股票价格最高化。然而，学术界对于"股东财富最大化与股票价格最高化能否互相转变"的论述仍然存在争论。实际上，在做出有效资本市场假说的前提下，可以认为股票价格是衡量股东财富的最佳指标。

有效资本市场假说最早是尤金·法玛（Eugene F. Fama）提出的，他参照所有已经公开的资讯、内部消息与历史消息对股票价格的作用，把有效市场分成了三种，分别为弱式有效市场、半强式有效市场和强式有效市场。在有效的资本市场中，与价格相关的讯息能够由证券价格完整、快速地展现出来，这时，股东财富就可以转换为股票价格。虽然目前人们对资本市场的有效性还存在争论，但是严谨来看，有效的资本市场是不能被否定的，而且在市场逐渐趋于完善和监管措施不断加强的背景下，市场已经开始朝着有效的方向发展。

从理论上说，股东财富可以表现为在未来获得的净现金流量，而股票价值就属于净现金流量。股票价值的主要影响因素有两个：一个是企业在未来获得现金流量的能力，另一个是现金流入的时间和风险。由此可见，与利润最大化相比，以股东财富最大化为目标具有以下几点优势。

①股东财富最大化同时考虑了现金流量的风险和获得回报的时间，因为股票价格会受到这两个因素的制约。

②股东财富最大化可以从一定程度上改善企业为获取更多的利润而做出的短期行为，因为企业未来获得现金流量的水平决定了股票的价格。

③股票财富最大化可以反映资本与收益之间的联系，因为企业投入资本的市场价格会通过股票的价格来体现。

另外，衡量企业财务策略可行性的标准就是股东财富，因为企业的投资、筹资和财务管理策略的效率都可以反映股票的价格。这一点可以通过企业的投资工具模型进行分析，如图1-2所示。

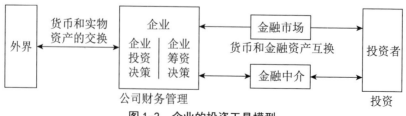

图1-2　企业的投资工具模型

通过投资工具模型可以基本了解企业的相关情况。模型中的投资者是股东，即委托人，主要通过金融市场或金融中介向企业提供资金，委托经营者管理企业。企业的经营者是代理人，负责利用股东提供的资金进行投资，与外界（包括市场、竞争对手、政府等）进行货币和实物资产交换，并将获得的利润分配给投资者。此外，经济市场和外部因素会对企业的筹资策略与股利策略产生制约，而这些策略影响着企业的经营规模、资金和利润的增长，还会对企业未来的现金流量产生一定的作用，影响股票的市场价格。因此，企业要在考虑多方因素的前提下制定相关的财务策略，以达到股东财富最大化的目的。

虽然股东财富最大化的观点已经得到了人们的普遍认可，但是雇员、供应商、债权人等与企业经济效益相关的人员在企业的生产经营中扮演着越来越重要的角色。因此，有人提出了相关人员财富最大化的看法。相关人员财富最大化认为，企业在设立财务管理的目标时，不能仅围绕股东的权益，应当平等地看待股东和其他经济利益相关人员（如职工、供应商、政府管理人员、贷款者等）。针对这种看法，支持股东财富最大化的研究人员提出，在实现股东财富最大化的同时，并没有忽视相关人员的利益。股东财富最大化可以使企业的全体资产得到提升，能够保证其他利益相关人员的利益不会受到损害。此外，参照相关的法律法规，股东手中掌握的财务要求权为"剩余要求权"，即在满足其余相关人员的利益后剩下的权利。也就是说，企业应当首先向职工支付薪水，向债权人支付利息，向政府纳税，向供应商支付货款，再向股东分配利润。

契约经济学认为，企业的管理者、员工、供应商等各方利益相关人员通过书面合同确定了合作的相关约定，保护自己的利益不被股东侵犯；即使企业没有与利益相关人员签订书面合同，也会受限于社会道德和法律法规，一旦企业违反了契约中的相关规定，利益相关者就会中断与企业的合作，企业最终也会因此遭受损失。

基于以上几点可以得知，在对股东财富最大化进行限制的前提下，可以将股东财富最大化作为企业财务管理的目标。对股东财富最大化进行限制需要做到以下几点。

①优先保证利益相关人员的利益，避免出现股东剥削利益相关人员的现象。

②不包含社会成本。企业在追求股东财富最大化的过程中所消耗的成本都由企业负担。例如，企业在追求股东财富最大化的过程中不能造成严重的环境

污染，因为这种环境污染需要政府动用财政资金进行处理。

企业如果能够做到以上两点，那么企业在追求股东财富最大化的过程中与利益相关人员的矛盾将不复存在。企业经营者就可以集中精力实现股东财富最大化的目标，从而使企业存在的意义最大化。

需要注意的是，对于已经上市的企业而言，股东财富是一个便于获取的指标。对于未上市的企业而言，其价值就是企业在市场上的售价，或者是投资者转让自己的出资后所获得的现金。然而，对于一个处于正常经营状态的企业而言，其价值很难用这种整体出售的价格来衡量。因此，从实际出发，可以通过产值估算或者参照企业将来的现金流量来衡量企业的价值。

1.2.2.3 以企业价值最大化为目标

企业未来现金流量的大小、能够保持长期发展的时间与加权平均资本的高低这三个因素决定了企业自身的价值。这三个因素均不属于静态因素，因此无法对其进行精确的测量，也无法被作为判断一个企业价值的标准。由此可见，以企业价值最大化为目标显然缺乏可执行性。

1.2.2.4 以各方利益最大化为目标

各方利益最大化意味着最大限度地实现债权人、投资方、企业管理者、群众与政府的利益。

1.2.2.4.1 实现各方利益最大化的方法

要想实现各方利益最大化的财务管理目标，必须能够衡量利益相关人员的利益。

衡量投资方的利益的途径有净资产利润率、净资产保值增值率、每股净资产、每股股利、每股收益、每股市价。当这六个指标达到最高值时，就实现了投资方利益最大化。

衡量债权人的利益可以通过财务杠杆率、流动比率、资产负债率、速动比率、利息保障率、现金比率和债务到期偿还率七个指标进行衡量。当这七个指标实现最大化时，就实现了债权人利益最大化。

企业管理者的利益可以通过工资在企业经营效益中所占的比例、工资在企业经营成本中所占的比例、工资涨幅与企业经营效益涨幅之比、工资涨幅与企业经营成本涨幅之比、工资涨幅与企业增加值涨幅之比、工资涨幅与劳动生产效率涨幅之比进行衡量。当以上指标达到最高值时，就实现了企业管理者利益最大化。

政府的利益可以通过六个指标来衡量，分别是税费违规率、税费完成率、社会贡献率、社会积累率、政府投资完成率与社会保障完成率。当税费违规率达到最低、其余几个指标达到最高值时，就实现了政府利益最大化。

群众的利益可以通过维护客户的权益、保护环境、售后服务、劳动督查、劳动保护、安全生产、技术督查七个指标进行衡量。群众利益最大化即在符合相关法律法规的前提下实现以上七个指标的最大化，进而缩减群众利益的损失。

需要注意的是，从某种意义上讲，政府的利益即群众的利益，群众的利益也是政府的利益，不能将二者割裂开来。

综上所述，企业财务管理的最高目标，即实现各方利益最大化。

1.2.2.4.2　各方利益最大化可助力企业长期、稳定发展

在企业的财务管理活动中，如果投资者的利益受到了忽视，投资方就有可能选择更换企业管理者，或者选择撤资、转移投资，导致企业无法继续发展；如果债权人的利益受到了忽视，债权人就有可能通过法律途径维护自身的利益，使企业发展受到法律控诉的桎梏，给将来的筹资活动造成阻碍，导致企业难以走出困境；如果企业管理者的利益受到了忽视，会影响企业管理者的工作积极性，导致优秀的企业管理者另谋高就；如果政府的利益受到了忽视，那么企业就容易受到法律制裁与行政处罚；如果企业忽视了群众的利益，那么企业不仅会受到法律制裁与行政处罚，还会遭受群众的反对与谴责。这些都会给企业的长期发展带来阻碍。

因此，唯有将企业财务管理的最高目标设置为各方利益最大化，在财务管理活动中考虑、调和、衡量多方利益，使投资方、债权人、企业管理者、政府与群众同时从企业的经营活动中获利，方可使企业保持长期、稳定的发展。

1.2.2.4.3　各方利益最大化符合中国特色社会主义的基本要求

共同富裕是中国特色社会主义的根本原则。投资方、债权人、企业管理者、政府与群众是一个企业的利益主体，将利益主体的利益最大化作为企业财

务管理的最高目标，从本质上体现了中国特色社会主义的基本要求。由此可见，债权人、投资方、企业管理者、政府与群众的利益最大化与资本主义体制下的股东财富最大化存在本质上的差异。

1.2.3 财务管理目标与利益冲突

1.2.3.1 委托－代理问题与利益冲突

20世纪30年代，美国经济学家伯利（Bede）和米恩斯（Means）因为洞悉企业所有者兼具经营者的做法存在着极大的弊端，于是提出"委托-代理理论"，倡导所有权和经营权分离，企业所有者保留剩余索取权，而将经营权利让渡。与委托-代理问题有关的利益冲突是财务管理目标更深层次的问题，委托-代理问题的存在及其利益冲突的有效协调直接关系到财务管理目标实现的程度。

传统的委托-代理问题是指由于企业的所有权和经营权的分离而导致的债权人与股东、企业管理者与股东之间的代理问题。美国学者迈克尔·詹森（Michael Jensen）和威廉·梅克林（William Meckling）认为，由于企业的管理状况在不断变化，主要的委托-代理问题体现为中小股东与大股东之间的关系，而这一委托-代理问题必将引起代理人和委托人之间的利益冲突。

1.2.3.1.1 企业管理者与股东之间的矛盾

企业管理者受股东的委托管理企业，要与所有股东一起分享企业利润。企业管理者期望能够获取更多的利益（如提升薪水、空余时间和在职消费等），股东却期盼运用最少的管理成本获取最丰厚的股东财富，这就形成了企业管理者与股东之间的矛盾。化解这一矛盾可以采用惩罚、制约和鼓励三种方法。

首先是鼓励。鼓励就是将企业管理者的薪酬与其工作业绩联系起来，促使企业管理者积极主动地运用各类举措提升业绩，从而实现股东财富最大化的目标。鼓励可以分成两种形式：一种是绩效股的形式，即根据制定的绩效评价标准对企业管理者的业务水平进行评估，再根据评估结果给予企业管理者相应的股票数目；另一种是对企业管理者实行股票期权策略，即允许企业管理者在约定的时间内以提前商定的价格购入股票。显而易见，倘若企业管理者能够在未来5年以每股10元的价格购入20 000股股票，他就有动力在5年内将每股价格提升到10元以上。这对于提升股东的利益十分有利。

其次是制约。机构投资者掌握着企业大部分的股票，对企业的运营具有关键的作用。他们可以与企业管理者展开谈判，并对企业的经营发表看法。实际上，机构投资者已经成为分散股东的代言人。《中华人民共和国公司法》（以下简称《公司法》）中增加了相关的规定，以保证中小股东可以对企业决策进行直接干预。例如，单独或合计持有企业3%以上股份的股东，可以在股东大会召开十日前以书面形式向董事会提出临时提案；董事会应在收到提案后的两日通知其他股东，并将该临时提案提交股东大会审议。需要注意的是，董事会仅有将临时提案通知给其他股东并提交股东大会审议的权利，无权对临时提案展开实质性的审阅查验，也无权决定是否需要将其提交给股东大会。

最后是惩罚。一旦企业管理者的工作出现了重大失误，如未遵守相关的法律规定等，股东大会有权解聘企业管理者。

1.2.3.1.2 中小股东与大股东之间的矛盾

一般情况下，控股股东是企业最大的股东。大股东拥有企业大部分的股份，可以对董事会与股东大会的决策进行控制，也可以任命企业的最高管理层，以达到控制企业的目的。中小股东持有的股份一般较少，通常无法参与企业的经营管理。虽然中小股东有权依据持股的比例要求企业保证其利益，但是因为大股东与中小股东获取的信息存在巨大的偏差，所以大股东极易通过各种途径侵犯中小股东的利益。

大股东侵犯中小股东的利益主要表现在以下五个方面。①通过联络性贸易实现企业的利益转移。例如，大股东以较高的价格将价格低廉的资产兜售给企业，或者大股东以低廉的价格购入企业优质资产。②采用不法手段侵占企业的巨额资金，或者以企业的名义进行恶意融资与担保。③欺侮企业的中小投资方，散布缺乏真实性的消息，控制股票的价格。④将专项津贴和薪酬超额支付给大股东派遣的高级管理人员。⑤通过不合理的股利策略导致中小股东的利益遭受侵害。

目前，大股东侵害中小股东利益的情况屡见不鲜。因此，如何保护中小股东的利益成为一个亟待解决的问题。目前，保护中小股东利益的策略主要有以下几种。

首先，要使企业的管理体系更加完善，使董事会、监事会和股东大会能够互相监督和制约。具体而言，首先要运用法律，增加投票权、知情权和裁决权在中小股东中的比重。《公司法》要求股东大会在选举监事或董事时，可以依据股东大会的决议或企业章程的规定，采取累积投票制。由此可以防止大股东对监事或董事的选举加以控制，弥补"一股一票"投票制的缺陷；对股东浏览与拷贝企业的相关政策、会计账簿与经济报告等权限进行了相关说明；增强董事会中独立董事的比例，在董事会中行使表决权，为维护中小股东的利益发声；完善监事会，使监事会能够监管企业管理者与董事会，从本质上确保监事会的自主性，同时给予监事会更大的起诉与监管权限。

其次，要对企业的信息披露体制加以规范，确保信息的完整性、真实性和时效性。信息的完整性即全面公开可能对投资方做出决策产生影响的信息；信息的真实性意味着应在公示消息中公布企业运营的真实情况；信息的时效性则意味着信息的传递要及时，以便投资方迅速地做出相关决定。此外，要对展示信息的原则与财会系统加以改善，增强对披露信息的监督力度，对于擅自披露信息的行为要严加惩治。

1.2.3.1.3 债权人与股东之间的矛盾

当债权人将资金借给企业时，企业与债权人之间就产生了委托—代理关系。然而，当企业运用债权人提供的资金取得了较大收益时，股东可能会侵犯债权人的利益。

例如，股东在未征得债权人许可的情况下，对超出债权人期望风险的项目进行投资。如果项目进展顺利，股东将获得大量的利润；如果项目进展不顺利，债权人的利益就会受到损害。从债权人的角度来说，在这种情况下，其所面临的风险与回报是不对等的。再如，股东未经债权人同意发行新的债券，增加了企业的负担。如果企业破产，债权人的资产就会受到损失。这种做法增加了债权人所面临的风险。

面对上述可能发生的情况，债权人具有以下两种对策：首先，债权人会在债务相关条款中设置规范性的条款，以维护自身的利益不受损失；其次，如果债权人发现自己被股东利用，就会减少与企业的业务往来，还可能会要求企业以高利率的方式补偿自身的损失。这些措施可以一定程度上限制股东的行为。

1.2.3.2 社会责任与利益冲突

要想实现股东财富最大化，企业必须承担社会责任，而承担社会责任需要付出一定的代价。为了弥补成本，企业就会对产品的售价进行提升，这不可避免地会导致企业在与同行业其他企业的角逐中处于弱势的地位。此外，如果企业在社会公益类活动中投入了大量的资源，企业也会面对源于资本市场的重重困难。因为在资本市场中，投资方往往对利润增加和股价上涨的企业予以高度的重视，而对为社会公益活动投入大量资源的企业淡然置之。

尽管股东财富最大化的目标与承担社会责任之间存在矛盾，但企业必须承担社会责任。实际上，股东财富最大化与企业所需要承担的社会责任密切相关。例如，企业应当为职工提供安全的工作环境与合理的薪资待遇，否则员工的工作积极性将大大降低，影响企业利润，最终导致股东利益受损；企业要将优质的服务与产品供应给客户，否则就会流失客户甚至陷入被诉讼的危机，增加企业成本，最终使股东利益受损；企业不仅要维护自身的利益，还要对供应商的利益加以维护，否则供应商就会取消对企业的信贷销售，提升货品的供应价格；对于社会中的公益活动，企业也要承担相应的责任，树立良好的社会形象有利于企业的长远发展。

企业不仅要积极主动地承担社会责任，还要通过法律法规规范自身行为，坚守产品安全，严格履行劳动合同，维护消费者的权益，防治污染，遵守相关法律法规等。

1.2.4　实现企业财务管理目标的措施

企业的财务管理目标受多方面因素的制约，由于不同企业财务管理的出发点存在差异，其财务管理目标也会有所不同，但它们有一个共同的标准，即企业价值最大化。

实现企业财务管理目标的措施主要有以下四点。

第一，制订完善的财务计划，并保证财务计划符合企业的整体战略目标，促进实现企业自身价值的最大化。首先，要根据企业的总体目标，拟定详细的财务管理策略。在拟定财务管理策略时，不仅要考虑财务方面的问题，还要考虑企业将来可能会遇到的多种状况，提升企业应对突发状况的能力，把握为企业带来利润的机遇。其次，在明确财务管理策略后，要提前对资本进行估算，进而细化各种预算，如现金的收入和支出、长期投资举措和短期信用贷款等，并将其作为企业进行财务管理的基础和依据。

第二，使企业的投资回报率达到最大。调控成本是企业获取利润的基础性渠道，但仅依靠调控成本通常无法改变企业的危机状况。企业在管理流动资金、投资、证券时，要尽量减少成本，以获取最大的利润，从而最大限度地提高企业的整体边际效应。

第三，使企业的资金运用率达到最大。要使企业获利，低廉的成本和高资金利用率必不可少。转变资金的利用方式，运用有限的资金生产更多的高利润产品，可有效地改善资金运用率，激活存量资金，提升产品的数量，改进产品的功能结构，销售满足社会需求的产品既是市场的战略，也是成本—利润战略。从企业的策略角度来看，提升资金的运用率是实现企业价值最大化的实用性渠道。

第四，对财务进行正确的解析。一般情况下，企业在提高内部的监管能力时，倾向于对提升企业的盈利水平、筹资构造展开解析，对企业过去的经济状况和运营效果进行判断，对企业将来的运行态势进行预估。这样有利于企业发现亟待解决的问题，提升企业的经济效益和应收账目的转化率，为企业提供有价值的参考信息，帮助企业早日达成财务管理目标。

1.3　财务管理的内容

前文已经对财务管理的基本概念和目标进行了简单的介绍，本节将对企业财务管理的内容进行深入的解析。

如前文所述，企业财务管理所涵盖的内容十分广泛，如企业筹资、企业投资、营运资金、存货、利润分配等。财务管理作为一项财务监管工作，还需要负责协调各方关系，策划企业财务活动。由此可见，企业的财务管理关系着企业的命脉，可以说财务管理就是企业的心脏。

需要注意的是，企业财务管理的各项内容不是毫无关联、彼此分裂的，而是彼此依托、相互维系的。

1.3.1　筹资管理

筹资的目的是保证企业的生产经营和企业的投资活动的顺利进行。

1.3.1.1　筹资的类型

筹资可以分为以下三种。一是股权筹资。股权筹资可以形成股权资本，使企业可以合法地长期拥有股权资本并对其进行运用。一般情况下，企业通过股权进行筹资不需要偿还本金，且面临的风险较小，但需要付出较高的资本成本。二是债务筹资。债务筹资是指企业通过借款、发行债券、赊账购入商品或服务等方式筹集资金，企业通过债务筹资需要在债务到期时偿还本金和利息。企业通过这种方式筹集资金面临的风险较大，但是企业付出的资本成本较低。三是留存收益。下面分别对这三种筹资进行介绍。

1.3.1.1.1　股权筹资

非股份制企业通常采取吸收直接投资的方式进行股权筹资。吸收直接投资可细分为吸收国家投资、吸收外商投资、吸收社会公众投资、吸收法人投资。在吸收直接投资中，资金的出资方式包括以货币资产出资、以实物资产出资、以土地使用权出资、以工业产权（如专有技术、商标权、专利权、非专利技术等无形资产）出资。

吸收直接投资具有许多优点，如快速提高企业的生产能力、信息沟通成本低、筹资费用低等，但同时它也具有资本成本高、企业控制权集中、企业治理较难、不利于产权交易等缺点。

股份制企业通常通过发行股票的方式进行股权筹集。股票可以分为四种，分别是普通股、优先股、记名股、不记名股。普通股是指企业发行的与股东享有平等的权利与义务，没有特别限制和固定股利的股票。优先股通常以普通股中可分配的股利作为保证。当普通股的利润分配降至0后，优先股的股息收益率也为0。实际上，优先股就是股份制企业以举债集资的方式发行的股票。记名股是指股票票面和企业股东名册上记载股东姓名的股票，与不记名股相对应。不记名股是指股票票面和企业股东名册上没有记载股东姓名的股票。它与记名股的不同之处不在于股东权利，而在于股票的记载方式。

1.3.1.1.2　债务筹资

债务筹资是指企业按约定代价和用途取得且需要按期还本付息的筹资方式。债务筹资的实质是单方面的、不涉及所有权变化的资本使用权的临时让渡。

债务筹资具有四个优点。

①筹资的速度较快。

②筹资的弹性较大。

③资本成本负担较轻。

④债务筹资有利于稳定企业的控制权。

一般来说，与股权筹资相比，债务筹资的资本成本很低。这一点表现在三个方面：一是筹集资金所需的手续费用较低；二是利息、租金等用资费用较低；三是可以在税前支付利息等资本成本。

与此同时，债务筹资还具有一些缺点，具体如下。

①不利于企业形成稳定的资本基础。

②财务风险较大。

③债务筹资可筹集到的资金数额有限。

通过债务筹资获得的资金有固定的到期日和固定的利息负担，而且通过抵押、质押等担保方式筹集到的资金在使用时会受到限制。

1.3.1.1.3 留存收益

留存收益筹集资金的方法可以分为提取盈余公积金（盈余公积金是指当期企业净利润中提取的积累基金，提取基数是本年的净利润）、未分配利润。通过留存收益的方式筹集资金具有不会发生筹资费用、能够保持企业的控制权分布、筹资数额受到限制的特点。

1.3.1.2 筹资管理的基本目标

资本结构优化是企业筹资管理的基本目标，其标准是资本成本。

资本成本是企业在获取和使用资金时需要付出的代价。企业获取资金时需要付出的代价包括发行债券、股票的费用以及向银行以外的金融机构借款产生的手续费等；企业使用资金时需要付出的代价包括股利、利息等。

资本结构是指企业资本总额中各种资本的比例关系。合理的企业资本结构可以使企业提高股权收益或降低资本成本。股权收益即净资产报酬率或普通股的每股收益，资本成本即企业的平均资本成本率。

影响资本结构的因素包括企业经营的稳定性和成长率、企业的财务状况和信用等级、企业的资产结构、企业的投资者和管理者的态度、行业的特征、企业的发展周期、税务政策和货币政策。

资本结构优化要求企业权衡低资本成本和高财务风险之间的关系，降低平均资本成本率，提高每股的收益。

实现筹资管理目标需要理解三个杠杆效应。

①经营杠杆效应，即固定性经营成本造成企业的资产报酬变动率大于业务量变动率。只要企业存在固定性经营成本，就会出现经营杠杆效应。一般情况下，经营风险系数越高，资产报酬等利润波动的程度就越大，企业的经营风险也越大；固定成本比重越高，成本水平就越高，产品的销售量和价格水平就越低，经营杠杆效应也就越大。

②财务杠杆效应，即固定性资本造成企业的普通股收益变动率大于息税前利润变动率。只要企业存在固定性资本成本，就会出现财务杠杆效应。资本成本中的固定性资本所占的比例越高，财务杠杆系数就越大。一般情况下，财务杠杆系数越高，普通股的收益波动程度越大，财务风险也就越大；债务成本比重越高，固定资本的成本支付额就越高，息税前利润水平就越低，财务杠杆效应也就越大。

③总杠杆效应，即固定经营成本和固定性资本成本造成普通股的每股收益变动率大于产销业务量的变动率。只要企业存在固定性经营成本和固定性资本成本，就会出现总杠杆效应。在总杠杆系数一定的情况下，经营杠杆系数和财务杠杆系数呈负相关。

由此可见，固定资产比重较大的资本密集型企业的经营杠杆系数较高，经营风险较大。因此，在筹资时应主要依靠权益资本，从而保持较小的财务杠杆系数和较低的财务风险。变动成本比重较大的劳动密集型企业的经营杠杆系数较低，经营风险较小。因此，在筹资时应主要依靠债务资本，从而保持较大的财务杠杆系数和较高的财务风险。处于初创阶段的企业的经营杠杆系数通常较大，因此在筹资时应主要依靠权益资本。处于扩张期的企业的经营杠杆系数通常较小，因此在筹资时可以适当扩大债务资本。

1.3.2 投资管理

投资是指特定经济主体在一定的时期内向某一领域投放资金或事务等货币等价物，以实现资金增值或获得资金收益的经济行为。投资一般可以分为直接投资和间接投资、生产型投资和非生产型投资、对内投资和对外投资。

企业的投资管理涉及以下两个方面。

1.3.2.1　投资项目的净现金流量

投资项目的净现金流量是一种序列指标，具体是指项目每年的现金流入量与每年的现金流出量之差。其中，现金流入量是指在其他条件不变的情况下现金存量增加的变动量，现金流出量是指在其他条件不变的情况下现金存量减少的变动量。

1.3.2.2　项目投资决策因素

项目投资决策因素包括需求因素、时期和时间价值因素以及成本因素。其中，需求因素主要是考察投资项目隔年的收入，成本因素包括投入阶段的成本和产出阶段的成本。

1.3.3　营运资金管理

营运资金是指除去流动负债后的流动资产。其中，流动资产是指一个营业周期内可以变现或运用的资产，主要包括货币资金、短期投资、应收票据、应收账款和存货。其特征为占用时间短、周转快、易变现等。如果一个企业的流动资产较多，那么企业所面临的财务风险就较小。流动负债是指一个营业周期内需要偿还的债务，主要包括短期借款、应付票据、应付账款、应付工资、应付税金及未交利润等。企业必须认真管理流动债务，否则可能会导致企业需要面临较大的财务风险。

深入了解营运资金是管理好营运资金的前提。营运资金一般具有以下几点特征。

①周转时间短。营运资金可以通过短期筹资方式获取。

②非现金形态的营运资金，如存货、应收账款、短期有价证券等比较容易变现，有利于满足企业临时性的资金需求。

③数量的波动性较大。流动资产和流动负债容易受到各种因素的影响，因此其数量波动往往较大。

④来源具有多样性。企业既可以通过长期筹资的方式获取营运资金，也

可以通过短期筹资的方式获取营运资金，如银行短期借款、短期融资、商业信用、票据贴现等方式。

1.3.4 存货管理

随着社会主义市场经济的不断发展，企业在社会经济发展中发挥着越来越重要的作用，企业财务管理的重要性也日益凸显，尤其是企业的存货管理。

1.3.4.1 存货的类型

一般情况下，企业的存货可以分为以下三类。

①企业存储的待售存货，如工业企业的库存产成品以及商品流通企业的库存商品。

②正在生产的存货，如工业企业的在产品、自制半成品以及委托加工物资等。

③为了生产商品或提供服务消耗的存货，如各种原材料、燃料、包装物、低值易耗品等。

存货可以保证企业生产经营活动的正常开展，有利于企业销售产品、降低产品成本、防止意外事件发生。

1.3.4.2 存货计价方法

1.3.4.2.1 存货计价方法的类型

存货计价方法主要分为两种。即先进先出法和后进先出法，采用不同存货计价方法所得到的数据通常相差较大。因此，选择合适的存货计价方法尤为重要。

（1）先进先出法

先进先出法根据"先入库的存货先发出"这一假定成本流转顺序来对发出存货进行计价。采用这种存货计价方法，需要注意先购入的存货成本的转出时间应早于后购入的存货成本，只有这样才能计算出发出存货和期末存货的成本。

（2）后进先出法

后进先出法与先进先出法相反，其假定成本流转顺序是后购入的存货成本的转出时间应早于先购入的存货成本。此外，如果发出的存货数量超过了最近一批的购入数量，超出的存货成本应按照前一批入库的单位成本计算。

（3）先进先出法与后进先出法的比较

先进先出法具有以下优点。

①能够清晰地反映资产负债表导向。企业采用先进先出法，就代表企业认为目前存货中的商品是最近购入的，因此可以得出与当前存货实际价值最接近的估价，并且这一结果不会受到通货膨胀的影响。

②能够准确地反映存货的实际流转情况，有利于企业的库存管理人员掌握存货的实时动态，从而更好地对存货进行管理。

③能够及时分析企业的经营业绩。因为先进先出法的存货成本是按最近购货价格确定的，所以期末存货成本比较接近现行的市场价值。

先进先出法的缺点是在物价上涨时期会导致企业的当期利润和库存存货价值被高估。

后进先出法具有以下优点。

①符合会计谨慎性原则。根据目前的市场大环境，未来必然会出现物价上涨的趋势，但是企业的存货流转速度通常较快，因此物价波动一般不会对企业的总体利润产生太大的影响。

②有利于投资者准确地做出决策。后进先出法可以使企业收入和支出相配比，在一定程度上可以抑制利润的波动。此外，后进先出法反映出的信息较为真实。

③对企业起到了一定的激励作用。后进先出法有利于企业降低当期利润，从而减少企业因通货膨胀受到的损失，有效地降低企业利润虚高的问题，从而刺激企业的发展。

但是，后进先出法也存在一些缺点。例如，在实际操作的过程中，后进先出法要求企业必须严格记录每次存货的购入与发出，会计核算的工作量较大，不利于企业成本的降低。

在先进先出法下，本期销售成本是最早购入存货的成本，期末存货的成本是最近的采购成本。当采购价格上涨时，销售成本较低，所确定的利润就较高；反之，当采购价格下降时，销售成本较高，所确定的利润也较低。但是，在先进先出法下，期末存货成本最接近现行市价。后进先出法的本期销售成本是最近购入的存货成本，期末存货成本是最早购入的存货成本。当物价上涨，用后进先出法确定的销售成本要高于先进先出法，而且确定的利润较低；当存货成本上升时，后进先出法所确定的利润和期末存货成本较低，会导致企业存货的价值被严重低估。此外，由于期末存货是按照最早购入的存货成本计价的，在经过几年的生产经营活动后，企业的存货成本与现行成本会出现较大的差距。

一般情况下，中小企业或者私营企业适合采取后进先出法，因为后进先出法可以在降低利润的同时减少增值税额，能够保证企业的资金流，加快企业的资金周转速度，提高企业的生产运作效率。对于一部分工业企业而言，只要存货的流通速度达到一定的标准，采用后进先出法可以为企业带来许多益处。

需要强调的是，后进后出法虽已经被《企业会计准则第1号——存货》删除，但是作者认为这种方法并非完全不可取。

1.3.4.2.2 存货计价方法对企业经营成果的影响

在企业资产中，存货是一项重要的组成部分，存货计价方法的选择对于企业的经营成果和财务状况具有直接的影响。在企业进行生产经营活动的过程中，存货一直处于流动的状态。企业现有的存货被不断发出，新的存货不断进入企业。随着时间的推移，存货的价格或单位生产成本可能会发生明显的变化，因此存货的购买价格和生产成本的计算是企业亟待解决的重要问题。

分析存货计价方法对企业经营成果的影响需要了解以下几个计算公式。

利润总额＝营业利润＋补贴收入＋投资净收益＋营业外收入－营业外支出 （1-1）

营业利润＝主营业务利润＋其他业务利润营业费用－管理费用－财务费用（1-2）

主营业务利润＝主营业务收入－销售折让－主营业务成本－主营业务税金（1-3）

附加销售成本＝期初存货成本＋本期购货成本－期末存货成本 （1-4）

通过以上公式可以发现，存货对于企业经营成果的影响主要体现在销售成本和自用形成的营业费用、管理费用；存货主要用于对外销售，构成了销售成本；利润总额与主营业务成本、主营业务成本与期末产成品之间都具有反向变动关系；而利润总额与期末产成品之间具有正向变动关系。需要注意的是，为了使企业的记账方式更加有效，企业在编制会计报表时应对存货计价方法进行相应的说明。

1.3.5 利润分配管理

利润分配可以集中体现企业所有者、企业管理者与企业职工之间的利益关系，是企业进行再生产的条件以及优化资本结构的重要措施，是国家建设资金的重要来源。企业在进行利润分配时应遵循的原则有依法分配、分配与积累并重、兼顾各方利益、投资与收益对等。

1.3.5.1 企业进行利润分配的程序

1.3.5.1.1 弥补以前的年度亏损

企业在进行利润分配之前，首先应先弥补以前的年度亏损。一般情况下，企业可以用下一年度税前利润弥补以前的年度亏损，但是对于已经超过弥补年限五年的亏损，需要企业用税后利润来弥补。

1.3.5.1.2 提取法定盈余公积金

提取法定盈余公积金的前提是企业可供分配的利润大于零。提取法定盈余公积金的目的是增加企业内部的积累，使企业扩大再生产的规模。法定盈余公积金的计算方法如下：

$$法定盈余公积金＝（本年度净利润－以前年度的亏损）×100\% \quad (1-5)$$

如果当年的盈余公积金的累积额大于注册资本的50％，企业可不再提取法定盈余公积金。如果企业想通过盈余公积金转增资本，就必须保证转增后的法定盈余公积金余额不得低于转增前的公司注册资本的25％。

1.3.5.1.3 向投资者分配利润

向投资者分配利润数额的计算方法如下：

$$向投资者分配利润=企业本年度的净利润－以前年度的亏损－提取法定盈$$
$$余公积金后的余额＋年初未分配的利润贷方余额 \quad (1-6)$$

1.3.5.2 企业进行利润分配时应注意的问题

①虽然股利的来源是税后利润，但是税后利润不能全部用来发放股利。

②对于股份制企业而言，要想支付优先股股息，就必须提取法定盈余公积金。

③对于股份制企业而言，如果当年没有获取利润或者出现了亏损的情况，

就不能进行利润分配。但是股份制企业可以通过召开股东大会做出特别决议，按照较低的比例用法定盈余公积金分配利润。需要注意的是，在这种情况下，利润分配结束后的法定盈余公积金余额必须高于注册资本的25%。

1.4 财务管理的环境

任何事物往往都是在特定的环境下发展、存在的，财务管理也不例外。财务管理环境，又称"理财环境"，是指对企业财务活动及财务造成影响的企业外部条件总和。不同时期、不同国家、不同领域的财务管理面临的财务管理环境都不同。企业发展也遵循适者生存的自然法则，如果不能尽快地适应周边的环境，就无法生存下去。环境的改变虽然有可能给企业的财务管理带来阻碍，但是如果企业能够在前期合理地预测环境的变化，就可以取得理想的财务管理效果。

财务管理环境涉及的范围十分广泛，包括经济形势、国家政策、经济法规的完善程度，以及企业所面临的市场情况和生产条件等。本节主要讨论企业难以控制的几种十分重要的财务管理环境因素，即经济环境、法律环境、金融市场环境、社会文化环境。

1.4.1 经济环境

经济周期、经济发展水平、通货膨胀状况、经济政策等都属于财务管理的经济环境，是影响企业财务管理的经济环境因素。

1.4.1.1 经济周期

在市场经济条件下，经济发展具有一定的波动性，一般会经历繁荣、衰退、萧条、复苏等几个阶段的循环，这一循环过程被称为"经济周期"。

中国的社会主义市场经济运行及社会主义市场经济发展呈现出独特的周期性特点，具体表现在曾多次发生因为经济增长超速、进展太快而不得已开展宏观调控或治理整顿，从而控制经济周期影响的情况。基于此，经济学家讨论出了企业在经济周期中的理财策略，如图1-3所示。

繁荣	衰退	萧条	复苏
1.扩充厂房设备 2.继续增加存货 3.提高价格 4.开展营销规划 5.增加劳动力	1.停止扩张 2.出售多余设备 3.停产不利产品 4.停止长期采购 5.削减存货 6.停止扩招雇员	1.建立投资标准 2.保持市场份额 3.削减管理费用 4.放弃次要部门 5.削减存货 6.裁减雇员	1.增加厂房设备 2.实行长期租赁 3.增加存货 4.引入新产品 5.增加劳动力

图 1-3　经济周期中的理财策略

总体来说，在经济繁荣阶段，市场的需求量比较旺盛，因此企业应采用扩大规模的战略，如增加劳动力、增加存货、增加机器设备、增加投资及扩大生产规模。这就需要企业在一定的时间内筹集到所需的资金。在经济衰退阶段，企业应缩小规模，减少对风险项目的投资，转而投资一些无风险的项目，以期稳定地获取收益。在经济萧条阶段，企业应维持现有规模，同时制订新的投资方案，最好优先考虑低风险项目进行投资。在经济复苏阶段，群众的购买能力逐渐提升，因此企业应该有针对性地及时确定适合群众的投资产品，采用加大库存及放宽信用条件等理财策略，为企业以后的发展打下坚实的基础。总而言之，要想较好地应对周期性的经济变化，企业就应及时、准确地对经济环境的变化做出预测，并尽快对企业财务策略进行相应的调整。

1.4.1.2　经济发展水平

下面通过发达国家、发展中国家及欠发达国家三大群组来阐述一个国家的经济发展水平对企业财务管理的影响。

发达国家的资本主义市场经过长时间的发展，资金的垄断和集中都已经到了相对较高的水平，其经济发展程度在世界范围内处于主导位置。经济发展水平对发达国家企业财务管理的影响有以下几点。

①由于发达国家的经济水平较高，财务管理具有完整、科学、前卫的特征。

②新技术和新知识、错综复杂的经济关联以及更加完整的生产方法往往会先出现在发达国家。因此，发达国家的财务管理方案不停被创新。

③发达国家高科技的电子产品及通信设备，为使用更加错综复杂的数学方式进行财务管理开创了更好的条件。

发展中国家的经济发展水平通常不高，具有国际交往日益增多、经济政策变更频繁、经济基础薄弱、发展速度较快的特点。这些特点使发展中国家的企业财务管理具有以下特点。

①财务管理顺应时代潮流，发展速度相对较快。

②经济政策变更频繁，财务管理相关的法律法规的变化频率过快。

③财务管理实践存在管理方式过于松散、财务目标不明确等弊端。

欠发达国家的经济发展水平通常很低，其特点为以农业为主要经济来源、工业不发达、企业规模小、企业结构组织简单。这也是欠发达国家企业财务管理水准低、发展慢的原因。

1.4.1.3 通货膨胀状况

通货膨胀不仅会降低消费者的购买力，而且会给企业的财务管理带来很大的困难。一般情况下，通货膨胀对企业财务活动造成的影响表现为以下几点。

①企业资金被大量占用，影响企业资金周转的速度。

②企业利润虚增。

③利率上涨导致企业成本增加。

④有价证券价格下降。

⑤企业资金周转紧张，提高了企业筹资的难度。

需要注意的是，只有政府部门才能对通货膨胀进行有效的控制，企业只能对收入和成本做出相应的调整，以实现预期的回报率。除此之外，企业还可以通过买进现货、卖出期货等操作，以套期保值的方法减少资金损失。

1.4.1.4 经济政策

一个国家的经济政策（如经济发展计划、货币政策、外贸政策、外汇政策、金融政策、财税政策、产业政策，以及行政法规等）对企业的财务管理活动具有极其重要的影响，顺应经济政策的导向可以使企业获得一定的经济利润。因此，企业应认真研究政府的经济政策，按照政策导向进行生产经营活动，趋利除弊。需要注意的是，经济政策可能会随着经济状况的变化而变化，因此企业在进行财务决策时，需要留出一些转圜的余地，保证能够在政策变化后迅速做出反应，更好地完成企业财务管理目标。

1.4.2 法律环境

影响企业财务活动的各种法律法规及规章制度（如企业组织法规、财务会计法规和税法等）就是企业财务管理的法律环境。如前文所述，企业财务管理目标有时会与企业利益相关者的目标产生矛盾，这时国家就要使用法律手段来规范企业的行为。

1.4.2.1 企业组织法律法规

无论组建何种类型的企业，都必须遵守相关的法律法规。中国的企业组织法律有《中华人民共和国外商投资法》《中华人民共和国个人独资企业法》《中华人民共和国合伙企业法》《中华人民共和国公司法》等。这些法律都详细规定了不同类型的企业组织的设立条件、设立程序、组织变更及终止条件和程序等。例如，企业的组建要遵循《中华人民共和国公司法》中规定的条件和程序；企业经营活动的起止，包括企业的财务活动都要按照《中华人民共和国公司法》的规章制度执行。由此可见，企业组织法律法规是企业财务管理方面最有力的法律法规，企业所有的财务活动都不能违背企业组织法律法规。

1.4.2.2 财务会计法规

《企业财务通则》《企业会计准则》和《企业会计制度》都属于财务会计法规，是各类企业进行财务活动、实施财务管理的基本规范。

《企业财务通则》自1994年7月1日起施行；2005年，由于经济环境不断变化，我国重新修订了《企业财务通则》，并于2007年1月1日起开始实施。新的《企业财务通则》以企业财务管理为基础，明确了财务管理各方面的因素，涉及了财务监督、信息管理、利益分配、筹资、资产控制和运营成本等内容，规范了企业财务管理的政策标准与措施。

《企业会计准则》是针对所有企业制定的会计核算规则，分为基本准则和具体准则。《企业会计准则》自2007年1月1日起在上市企业中实施，自2008年1月1日起在国有大中型企业中实施。为了使小规模的企业规范地开展会计活动，我国还颁布了《小企业会计制度》，自2005年1月1日起在小型企业中实施。

近年来，财政部针对《企业会计准则》在执行中出现的重点、难点问题，陆续出台了多项修订方案，使我国的会计准则体系不断完善。2010年4月，财政部颁布了《中国企业会计准则与国际财务报告准则持续趋同路线图》，表达了中国具有与国际财务报告准则（International Financial Reporting Standards，IFRS）一致的态度与原则性立场。2014年以来，财政部结合经济形势和企业经营的变化，对《企业会计准则》进行了修订；2017年，财政部再次对《企业会计准则》进行了修订，这是近年对《企业会计准则》进行的规模最大的调整，对于财务报告信息质量的提高和企业决策具有十分重要的意义。修订后的《企业会计准则》与国际财务报告准则（IFRS）的同步率达到了95%以上。

1.4.2.3 税法

税法是各种税收法规的总称，是税收机关征税和纳税人纳税的法律依据。税法是国家法律的重要组成部分，是保障国家和纳税人合法权益的法律法规。税法根据征收对象分为以下几种。

①流转额课税税法。该税法主要涉及企业经营所得的税费，以进口关税、出口关税、消费税和增值税为主。

②所得额课税税法。个人所得税和企业所得税都属于所得额课税，其中企业所得税适用于中华人民共和国境内的企业和其他取得收入的组织（不包括个人独资企业和合伙企业），上述企业在我国境内外的生产、经营所得和其他所得应缴纳税率为25%的税款。

③自然资源课税税法。该税法的征税对象以土地资源和矿产资源为主，包括资源税、城镇土地使用税等。

④财产课税税法。该税法以纳税人所有财产为征税对象，主要包括房产税。

⑤行为课税税法。该税法以纳税人的行为为征收对象，主要包括印花税、城市维护建设税等。

企业在生产经营过程中必须履行依法纳税的义务。税负是企业的一种支出，减少税负只能通过税务筹划来实现，不能通过逃避缴纳税款的方式实现。这就要求企业财务管理人员熟悉并精通各类税法。

除上述法律规定外，结算法规与证券法规等也是与企业财务管理相关的经济类法律法规。财务管理者应在不违背相关法律法规的前提下，完成企业财务管理任务，最终实现企业财务管理的目标。

1.4.3 金融市场环境

金融市场实现了资本的流通，决定了企业获取资金与进行投资的方式。金融市场在对资金短缺进行调控等方面发挥着关键的作用，因此深入了解金融市场，能够使企业管理者更加高效地策划企业的筹资与投资活动。

一般情况下，金融市场的基本类型为如图1-4所示。

图1-4 金融市场的基本类型

1.4.3.1 金融市场的构成

主体、客体和参与者共同构成了金融市场。主体即各个金融组织，包括非银行类组织与银行类组织。主体可以作为枢纽，连接筹资人与投资方。客体即金融市场中的交易对象，如债券、商业票据、股票等。参与者即客体的需求人与供应人，包括政府机构、企业、个人等经济组织。这里所说的企业主要是融资银行、商业银行、保险企业、证券企业以及丰富多样的基金管理企业。

在现代企业筹资活动中，投资银行具有举足轻重的位置，任何企业发行股票或者债券，都需要通过投资银行。目前，我国主要由各类证券企业承担投资银行的业务。

商业银行主要从群众手中吸收存款，再以借款的形式将这些资金提供给需要资金的企业。

保险企业、各类基金管理企业是金融市场的主要机构投资者，它们通过广大投保人和基金投资者聚集大量资金，再将其投资于证券市场，并将此作为企业资金的一项重要来源。目前，我国已经有多家保险企业和基金管理企业，这些机构在金融市场中的作用也愈发重要。

1.4.3.2 金融工具

要想了解金融市场，就必须熟悉各种金融工具。按照发行和流通的场所，金融工具可以划分为货币市场证券和资本市场证券。

1.4.3.2.1 货币市场证券

货币市场证券是一种短期信用工具，其到期期限通常为一年或者更短，具有期限短、流动性强和风险小的特点。货币市场证券包括商业本票、银行承兑汇票、国库券、银行同业拆借、短期债券等。

1.4.3.2.2 资本市场证券

资本市场证券即企业或政府发行的能够长期使用的证券。资本市场证券的到期期限通常超过了1年。资本市场证券包括普通股、优先股、长期债券、国债等。

1.4.3.3 利息率及其测算

企业的财务活动与利息率也有一定的联系，如果脱离利息率，就无法做出正确的投资决策和筹资决策。由此可见，利息率对财务管理十分重要。

利息率简称"利率"，是资金的增值与投入资金价值的比例，是衡量资金增值量的基本单位。通过资金流通的借贷关系可知，利率是在特定时期运用资金进行交易的价格。也就是说，资金可以作为一种特殊商品在金融市场中进行买卖，其价格是通过利率衡量的，资金的融通实质上是资金资源通过利率在市场机制的作用下进行再分配。因此，利率对于企业资金的分配以及财务决策具有重要的作用。例如，如果一个企业拥有投资利润率很高的投资机会，就可以通过发行利率较高的证券吸引资金。投资者会选择将投资的利率较低的证券售出，购买利率较高的证券。这样一来，资金就会从低利率的投资项目不断向高利率的投资项目转移。由此可见，在发达的市场经济条件下，资金从高报酬项目依次向低报酬项目分配，是由市场机制通过利率决定的。

利率在企业财务决策和资金分配方面具有如此重要的作用，那么该如何测算利率在特定条件下的水平呢？首先应该对利率的构造进行分析。通常来说，利率由三个部分构成，分别是纯利率、通货膨胀补偿以及风险报酬。其中，风险报酬可以分为期限风险报酬、流动性风险报酬以及违反约定的风险报酬。利率的计算公式为：

$$K = K_0 + IP + DP + LP + MP \tag{1-7}$$

式中，K——利率（指名义利率）；

　　K_0——纯利率；

　　IP——通货膨胀补偿；

　　DP——违反约定的风险报酬；

　　LP——流动性风险报酬；

　　MP——期限风险报酬。

纯利率是指没有通货膨胀和风险情况的均衡利率。影响纯利率的基本因素是资金需求量和供应量，因此纯利率是会发生变化的，它会随着本金供应标准的起伏而不断改变。在实际的工作和生活中，在没有发生通货膨胀时，一般由没有风险的证券表示纯利率。

通货膨胀现在已经成为许多国家在发展经济的过程中不易医治的一大"病症"。长期的通货膨胀会导致货币的购买能力持续降低，也会影响投资项目的投资回报率。发生通货膨胀时，提供本金的人一定会提出新的要求，即通过提升利率的标准来对其购买力的缺失进行弥补。由此可见，对于没有风险的证券利率，除纯利率以外，还应考虑通货膨胀，保证因通货膨胀遭受的损失可以得到补偿。例如，由政府发行的短期无风险证券（也可以是国库券）的利率是由两个部分组成的，其表达公式是：

短期的无风险证券利率＝纯利率+通货膨胀补偿　　（1-8）

即

$$RF = K_0 + IP^{①} \tag{1-9}$$

假设纯利率K_0为3%，预计下一年度发生通货膨胀的概率是7%，那么一年期无风险证券的利率应该是10%。需要注意的是，利率的通货膨胀率不是现实能够达成的通货膨胀水平，而是对未来的通货膨胀的预估，是未来阶段的平均

---

① 精确的公式应是 $RF = K_0 + IP + K_0 \times IP$，但式中"$K_0 \times IP$"的数值很小，故忽略不计。

数值。

借款人不能及时归还借款或者延期归还借款就属于违约风险。违约风险能够反映借款人的信用程度。如果借款人经常无法在规定的时间内支付本息，就表明借款者信用程度较低，违约的可能性较大。为了补偿违约造成的损失，就要提升利率，否则借款方将无法回收本金。在存在违约风险的情况下，投资方通常不会继续投资。这时，政府就会发行国库券等无风险证券。国库券不存在违约风险，因此它的利率较低。

企业的信用程度会按等级划分。等级越高，企业的信用越好，违约风险越小，利率水平也就越低；等级越低，企业的信用越差，违约风险越高，利率的水平也会升高。

将资产快速转化为现金的概率被称为"流动性"。企业将资产转化为现金的概率越高，风险就越小，流动性也就越高；相反地，企业将资产转化为现金的概率越低，风险就越大，流动性也就越低。通常情况下，大企业的股票和政府债券在资产转化方面的表现能力非常强，流动性风险很小；但是一般的中小型企业发行的证券流动性风险则较大。在其他因素都相同的条件下，大企业与中小企业的流动性风险的利率差距为1%~2%。

期限风险是指时间长的债务比时间短的债务风险大。例如，在同时发行的国库券中，期限为五年的国库券的利率就高于期限为三年的国库券的利率。一般情况下，短期债务的利率都要低于长期债务的利率，这就是期限风险的报酬。除此之外，在利率发生明显起伏的情况下，也可能会发生长期债务的利率低于短期债务的利率的现象，但是这类现象属于偶然情况，并不影响上述结论。

由此可见，上述五种因素可以使利率水平的测定更加合理。

1.4.3.4 金融市场与企业财务管理

金融市场对企业财务管理的影响主要体现在以下几方面。

①金融市场为企业提供了筹资和投资的平台。金融市场有丰富多样且便捷的筹资方式。如果企业需要资金，可以在金融市场中选取适合自己的筹资方法进行筹资，从而确保企业生产经营活动的顺利开展。若是企业资金富足，企业也可以在金融市场中选取适合自己的投资形式，找到使用资金的合理途径。

②企业如果要转化长期资金和短期资金，可以通过金融市场实现。如果企业掌握的长期资产为股票与长期债券，就能够在金融市场将其转化为现金；此外，长期债券也能够通过贴现的方式转化为现金。相反地，短期资金也能够在金融市场中转换为长期资金，如长期债券和股票等。

③金融市场可以为企业财务管理提供指导。金融市场的利率波动变化等因素可以反映债券、股票的具体情况以及企业的经营情况。企业可以以这些信息为基础进行财务管理。因此，企业财务人员应随时关注金融市场的动态。

1.4.4　社会文化环境

教育、道德、科学、艺术、理想、习俗等，以及与社会制度相对应的权利和义务的理念、道德的理念、组织纪律的理念、价值的理念、劳动的态度等都属于社会文化环境。社会文化环境会对企业的财务活动产生影响。社会文化的不同方面对企业财务活动的影响不同，不同方面对企业的财务活动的作用形式和程度也不同。

目前，财务管理工作的内容越来越丰富，因此社会整体的教育水平对于财务管理也越来越重要。事实表明，在教育落后的情况下，为提高财务管理水平所做的努力往往收效甚微。此外，科学发展对于财务管理理论的完善也具有至关重要的作用。财务管理理论的进步是由计算机科学、统计学、经济学、数学等等众多学科的进步共同促进的。社会资信程度等因素也在一定程度上影响着财务管理活动。当社会资信程度较高时，企业间的信用往来也会加强，有利于促进彼此之间的合作，减少企业因坏账受到的损失。

需要注意的是，企业还要针对员工文化方面开展培训，如在条件允许的情况下，可邀请文化素养高的人士到企业为员工进行文化培训。如果不对社会文化差异予以足够的重视，就会给企业的财务管理带来不利的影响。

第2章　财务战略与财务预测

财务战略是一个长期、深远的谋划过程，对企业的发展具有导向作用。由于财务战略问题十分复杂且关键，上市企业通常都会设立董事会战略委员会，以认真研究和探索财务战略方面的议题，给企业提供有价值的参考方案，便于企业做出相关决策。财务预测是指参考财务活动的历史资料，同时考虑实际的财务管理的目标和现状，合理地计算与预估将来的财务活动与成果。本章将对财务战略和财务预测展开论述。

2.1　企业财务战略

2.1.1　财务战略的含义和特征

2.1.1.1　财务战略的含义

战略这一词汇起源于军事领域，是指为相对比较重要的战事谋划全局。财务战略即企业在规划好整体的战略目标后，以财务管理为根本，在优化企业内部资源的过程中制定实现目标的战略思想、管理方法和决策方式。财务战略是企业整体战略中的关键部分，是企业战略的支撑点，能够帮助企业统筹发展目标，帮助企业实现价值，使企业合理地利用资源。

2.1.1.2　财务战略的特征

2.1.1.2.1　全局性

财务战略是针对企业的筹资、投资、经营和股利分配制定的。它对企业未来的财务规划和年度财务预算具有全面指导作用。

2.1.1.2.2 长期性

企业要想实现可持续发展，必须制定财务战略，因为财务战略可以对企业今后的财务活动做出长期、有效的战略性筹划。

2.1.1.2.3 导向性

财务战略可以帮助企业确定今后的发展方向，明确基本目标，为企业指明实现目标的途径。

2.1.2 财务战略的分类

2.1.2.1 财务战略的职能类型

企业财务战略涵盖了企业的财务职责。因此，依据财务管理权力的范畴，财务战略可以被分为筹资战略、投资战略、营运战略与分配战略。

2.1.2.1.1 筹资策略

筹资战略是指企业在筹资方面的战略规划，主要包括股票发行、增资发行、发行大额债券以及与银行建立长期合作关系等战略规划。

2.1.2.1.2 投资战略

投资战略即长时间的、具有资本投入导向作用的战略性策划方案，可以帮助企业进行投资项目的规划。

2.1.2.1.3 营运战略

营运战略主要是指企业营运资本的战略规划，主要用于为企业大规模的成本运营做出规划，帮助企业和重要客户及供应者建立长久稳定的商业合作伙伴关系。

2.1.2.1.4 分配战略

分配战略即企业在分配方面实行的长期的分配策略，包括利润分配等。

2.1.2.2 财务战略的综合类型

通过企业长期以来的实践经验可知，财务战略从整体上可以划分为稳健型财务战略、防御型财务战略、收缩型财务战略与扩增型财务战略。

2.1.2.2.1 稳健型财务战略

稳健型财务战略可以使企业的资产规模稳定地扩大，业绩平稳地增长。它保留了部分利润，并且将外部筹资与内部留利相结合，保证企业的财务投入可以维持稳定。

2.1.2.2.2 防御型财务战略

防御型财务战略可以帮助企业维持当前的投资收益水平和投资规模，科学地调整企业当前的资本结构水平及资产债务率，使企业的分配策略得以延续，避免企业面临财务方面的风险。

2.1.2.2.3 收缩型财务战略

收缩型财务战略的目标是保证企业的生存。它的特点是保持或者缩小企业当前的投资规模，减少企业的筹资，通过偿还债务或者回购股份等方式归还投资。

2.1.2.2.4 扩增型财务战略

扩增型财务战略一般表现为持续性的发展并快速扩大企业的规模（具体方式有并购、联营等），其特点是筹集大量的资金，减少分配，进行更多的投资。

2.1.3　财务战略分析的方法

财务战略分析的主要方法是SWOT分析法，即根据财务战略具体分析与评价企业外部的潜在风险和机遇，以及企业内部的优势与劣势。

2.1.3.1　利用 SWOT 分析法分析财务战略的意义

SWOT分析法可以在对企业财务环境进行研究的基础上，对所有相关条件进行整合研究，进而通过分析企业外部的风险和机遇以及企业内部的优势与劣势，帮助企业选择最具价值的财务战略。SWOT分析法如图2-1所示。

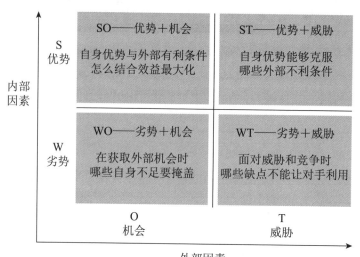

图 2-1　SWOT 分析法图示

2.1.3.2　SWOT 的因素分析

SWOT分析法涉及众多财务因素，如外部财务环境和内部财务环境。利用SWOT分析法进行财务战略分析时，需要对各种财务因素进行分析和判断，从而发现企业内部财务管理的短板、长处以及企业外部的风险和机遇。

2.1.3.2.1　对影响企业财务管理的外部因素进行分析

（1）产业相关政策

制定清晰的产业发展方向、限制或倡导产业的发展、完善产业构造的策略都属于产业相关政策。产业相关政策会直接干预企业发展的方向，即产业相关政策会对企业财务战略的走向造成直接影响。

（2）财税政策

财税政策包括企业整体的负税能力、地域与行业的优惠性税收政策等。

（3）金融政策

金融政策具体包括汇率政策、资本市场政策、货币政策、利率政策等。

（4）宏观周期

宏观周期包括产业周期、经济周期和金融周期等。

2.1.3.2.2 对影响企业财务管理的内部因素进行分析

①分析产品周期与企业周期当前的进程。

②分析企业的盈余程度。

③分析企业的投资项目以及相应的盈利情况。

④分析企业的资产负债情况。

⑤分析企业的资产结构和运用财务杠杆的条件。

⑥分析企业的流动性。

⑦分析企业的现金流。

⑧分析企业潜在的筹资实力。

以上因素对企业的财务战略具有直接影响。

2.1.4 财务战略的选择

2.1.4.1 选择财务战略的依据

企业的财务战略要能够防范风险，适应企业可能出现的环境变化，为企业未来长期稳定的发展打好基础。此外，企业要提前做好预算，并预测经济周期的波动幅度，及时调整财务战略，使企业长盛不衰。

宏观经济周期是现代经济主体发展过程中必然会遇到的一个因素，在选择财务战略时必须考虑宏观经济周期。我国经济周期的波动比较大，在不同的阶段具有不同的特征。因此，企业在进行财务战略选择时要提前做好调查工作，保证财务战略与宏观经济周期相适应，从而减小经济波动对企业的影响（尤其是对企业财务的影响）。

2.1.4.2 不同时期的企业对财务战略的选择

企业在不同时期的发展情况不尽相同，而且外部的潜在风险以及内部各项资源的情况也是不同的。因此，企业要根据自身的目标选择不同的财务战略，具体见表2-1。

表 2-1　不同时期的企业对财务战略的选择

	创建初期	扩张期	稳定期	衰退期
筹资战略	筹集权益资本	大量增加权益资本，适当地引入债务资本	以低成本的债务替代高成本的权益资金	不再进行筹资
投资战略	增加投资	增加对核心业务的投资	围绕核心业务拓展新的市场、研发新的产品，并进行相关产品或业务的并购	不进行投资
营运战略	吸纳权益资本	实现企业的高增长与资金匹配，保证企业的可持续发展	处理好日益增长的现金流量	回收现有投资并向投资者返还退出的投资现金流
分配战略	不进行分配	不进行分配或进行少量分配	进行较高的利益分配	全额或超额分配利益

2.1.4.2.1　在企业创立初期选择财务战略

企业在这一时期较为重视对产品的研发与投资，且尚未达到获取利益的阶段，产品市场仍然存在缺陷，企业经营面临着较大的危机。因此，企业这一时期选择的财务战略应以吸收权益资本为根本，筹集权益资本，不进行利润分配，增加企业的投资。

2.1.4.2.2　在企业扩张期选择财务战略

在这一时期，企业要将商品推广至市场，快速扩大商品的销售范围，大幅提升企业的效益。在这一时期，企业的经营危机大幅降低。

扩张期的企业选择财务战略时应将协调高增长的利润与资金作为关键，使企业保持可持续发展的状态；应考虑充分利用资本市场，适当增加股权资本，引入债务资本；在分配方面，选择少分配利润或不分配利润；大力增加对核心业务的投资，更加全面地运用债务资本。需要注意的是，这种财务战略不适合长期使用，否则可能会导致企业陷入财务危机。

2.1.4.2.3　在企业稳定期选择财务战略

在这一时期，企业的销售额稳步增长，获得的利润也日趋稳定，并且行业竞争激烈，追加投资较少，企业的战略重心发生了转变。与这一阶段的企业相适应的营运战略的关键是把握好对现金流量的控制；筹资战略是使用成本较低的债务资金代替成本较高的股份资金；分配战略是进行较高的利益分配；投资战略是围绕核心业务进行拓展市场或进行并购，这是因为这一时期企业的现金流量较为充裕。需要注意的是，企业要加强预防措施，避免盲目选择，否则可能会导致企业竞争力下降。

2.1.4.2.4　在企业衰退期选择财务战略

在这一时期，产品的销售额急剧下滑，并且企业的利益也随之递减，严重时甚至会导致企业出现亏损。在这个时候，如果企业不进行转型，或不采取相应的举措，就没有必要进行更大的投资，因为其结果是必然亏损。在这个阶段，通过并购来恢复投资或扩大市场份额是企业的战略重心，可减慢企业的衰退时期。当前情况下，企业的金融管理战略具备收缩的性质。回收当前投入的资本是其重点，还给投资方已经收到的现金流。这时的财务策略是停止融资和集资，如果在支付股息时，使用全额支付，甚至超过限定额度支付的方式，在企业内提取股权的本钱，最后将会导致企业不负债破产。

2.2　企业财务预测

财务预测是指根据现实的要求和条件以及企业财务活动的所有流水进行财务预测，明确企业在未来的财务活动和这些活动可能产生的后果。企业财务预测可以分为广义的财务管理预测和狭义的财务管理预测。广义的财务预测包括筹资数量预测、利润预测、资产负债预测和财务分析等。

2.2.1　筹资数量预测

2.2.1.1　预测筹资数量的依据

筹资数量决定了企业的资本额度，科学地预测企业的筹资数量对企业财务管理具有非常重要的影响。筹资数量应在保证企业正常经营的同时，也不会造成企业太多资源闲置，从而促进企业财务管理目标的实现，进一步推动企业的发展繁荣。

许多条件和因素都会导致企业的筹资数量发生变动。例如，法律方面的限制、企业的投资形式和经营规模等。

2.2.1.1.1 法律对筹资数量的限制

法律对筹资数量的限制主要体现在两方面。一是我国法律规定，股份有限责任公司的基础注册资本是五百万元，因此企业在筹资时必须要考虑到注册最低额的要求。二是对负债额的限定。我国法律明确规定，为了保证企业的偿还能力和保护债权人的权益，企业累计债券总数不允许超过企业净资产额的40%。

2.2.1.1.2 企业的投资形式与经营规模

整体来讲，随着企业投资形式的多样化和企业经营规模的扩大，企业需要的资金也逐步增加。企业在对重要的投资项目做出决策时，要对企业的筹资数量进行预测。

2.2.1.1.3 其他原因

过高或过低的利息率、外部投资的规模、企业的资产信誉等，都会对筹资数量产生影响。

2.2.1.2 预测筹资数量的方法——因素分析法

因素分析法是一种比较简单的预测筹资数量的方法。下面将主要说明因素分析法的原理、应用以及其中需要注意的事项。

2.2.1.2.1 因素分析法的原理与应用

因素分析法，又称"分析调整法"，是指基于前一年资本项目的实际平均需求，依据预测年度加快资金周转的需要和业务情况，对筹资数量进行预测的方法。这种预测方法的优点是计算较为简单易行，缺点是预测的结果精准度不高。因此，这种预测方法一般只被用来粗略地计算企业所需要的全部资本的数额，或者是多品种、多规格、小用量、低价格的项目所用的资金。

2.2.1.2.2 应用因素分析法时需要注意的问题

由于因素分析法的结果缺乏准确性，因此在应用这一方法时应当注意以下几点。

①整体分析与研究影响所需资金额的诸多原因，进而确定所需资金量和各

个原因之间的必然联系，进一步改善预测的准确性。

②在预测企业运营过程中的业务所需资金时，要根据项目的实际情况再次预测所需资金的额度。

③如需得到较为精确的所需资金额度，还需要利用其他方法来进行计算。

2.2.1.3 预测筹资数量的方法——回归分析法

回归分析法是一种最常用的预测筹资数量的方法。下面将主要说明回归分析法的原理以及在应用过程中应该注意的问题。

2.2.1.3.1 回归分析法的原理

回归分析法以资本需要量与营业业务量（如销售数量、销售收入等）之间的线性关系为基础建立数学模型，然后再根据相关资料，通过回归直线方程预测所需的资金额度。回归分析法的预测模型为：

$$Y=a+bx \tag{2-1}$$

式中，Y——所需资金总额；

　　　a——不变资本总额；

　　　b——单位业务量所需的可变资本额；

　　　x——经营业务量。

不变资本是指企业在一定范围内运转不变的资本，主要包括维持企业正常生产经营活动的最小限额的现金、成品以及原材料的存货和固定占用的资金。

2.2.1.3.2 应用回归分析法时需要注意的问题

在利用历史数据确定 a、b 值的情况下，可以通过上述模型预测某一业务量 x 所需的总资本 Y，但是在预测时应注意以下几点。

①企业的业务值和未来维持企业生产经营活动的资金之间要有合理的线性关系。

②利用历史数据确定参数的数值时，选择的历史资料的时间跨度最好达到三年以上，保证能够获取更具实用性的参数。

③要将价格的起伏纳入综合考虑。如果机器设备成本、原材料和人员成本产生变动，就要对相关预测参数进行调整，以保证预测数值的可靠性和准确性。

2.2.1.4 预测筹资数量的方法——营业收入比例法

企业营业收入比例法是预测筹资数量最复杂的方法。下面将主要说明营业收入比例法的原理和应用。

2.2.1.4.1 营业收入比例法的原理

营业收入比例法是指企业在经营业务与资产负债表和利润表项目之间的比例关系的基础上，预测各项目所需的资金数额。

例如，某企业要想销售1 000元的货物，就需要有250元的存货。也就是说，存货与营业收入的比例是25%。当企业的营业收入增至2 000元时，企业就需要有500元的存货。由此可见，在营业收入比例既定的前提下，可以预测为达到某一销售额所需的资金数额。

营业收入比例法的主要优势在于，它可以为财务管理提供短期预测财务管理报表，实现外部集资的目标。但是，这一方法也存在一定的不足，倘若相关项目与营业收入的比例不符合实际情况，所得到的结果就会存在误差。因此，当相关因素发生改变时，需要对销售比例及时进行调整。

2.2.1.4.2 营业收入比例法的应用

在预测利润表和预测资产负债表的帮助下，可以运用营业收入比例法预测留用利润的增加额，以及企业所需的资金总额和企业外部筹资的增加额。预测利润表是一种利用营业收入比例法预测留用利润的预测报表。在格式和内容方面，预测利润表和实际的利润表一样。

2.2.2 利润预测

2.2.2.1 利润预测的内容

利润是企业在固定的期限内取得的经营效果的整体反映。利润包含营业利润、利润的整体额度、纳税后的利润、每股的收益等。

2.2.2.1.1 营业利润预测

营业利润预测包括营业收入、营业成本、期间成本、投资效益、资产处置收入等项目的预测。

2.2.2.1.2　利润总额预测

利润总额预测包括非营业收入预测和非营业支出预测。

2.2.2.1.3　税后利润预测

税后利润预测包括所得税预测。

2.2.2.1.4　每股收益预测

每股收益预测包括基本每股收益预测和稀释每股收益预测。

2.2.2.2　预测利润表的编制

预测利润表通常按年度编制，可以分季度编制，也可以依据商品、业务分别进行编制，再进行汇总。为了方便与实际的利润表进行对比，通常应按照年度编制预测利润表。

以下是编制预测利润表的具体步骤。

①对基准年的实际利润表中的数据进行收集，同时明确利润表中每个项目在业务效益中的比重。

②对年度营业收入进行预测，得到预测年度利润表中的各项数据。

③通过利用预测年度税后利润和预测的留用比例，计算留用利润。

2.2.3　资产负债预测

预测资产负债表是对企业期末资产、负债以及规模进行预测的一种表现形式。与前文提到的其他类别的预测相比，预测资产负债表最实用也最准确。根据预测结果，企业可以对未来的发展进行有效的规划。此外，预测资产负债表还对企业的财务构造和安排有所反映。

2.2.3.1　资产负债预测的内容

资产负债预测十分复杂，包含短期资产预测、长期资产预测、债务资本预测，以及股权资本预测。

2.2.3.1.1　短期资产预测

应收账款、存货、现金（货币资金）、应收票据等项目都属于短期资产预测。

2.2.3.1.2 长期资产预测

持有至到期投资、长期股权投资、固定资产、无形资产等项目都属于长期资产预测。

2.2.3.1.3 短期债务资本预测

应付票据、账款、短时借款等项目都属于短期债务资本预测。

2.2.3.1.4 长期债务资本预测

应付债券、长时借款等项目都属于长期债务资本预测。

2.2.3.1.5 股权资本预测

股本（资本公积、未分配效益、实收资本和盈余公积）等项目都属于股权资本预测。

2.2.3.2 预测资产负债表的编制

编制预测资产负债表时，要以实际的资产负债表为参考，整理相关材料，然后编制预测资产负债表。需要注意的是，部分企业存在分部和子公司，需对其资产负债情况进行整理，编制分部和子公司的预测资产负债表，然后再编制企业整体的预测资产负债表，充分保证预测结果的准确性。此外，为了便于对企业的资产负债情况进行评价，在编制时应采用与实际的资产负债表相同的格式。

2.2.4 财务分析

2.2.4.1 财务分析概述

企业要想维持正常的生产经营活动，就一定要定期进行财务分析，以便进行会计核算。财务分析可以最直接明了地反映一个企业的经营情况，包括企业的盈利状况以及资金等信息，为企业管理者做出财务决策提供参考。企业在进行财务分析时，必须遵循会计准则，以保证会计信息客观、公正地反映企业的经营状况。

通常情况下，为了确保信息的准确性，企业财务报告都要经过注册会计师审查才能分发给各个部门。只有注册会计师审核完毕并出具审计报告，才能说明财务报告具有有效性，符合会计准则的要求。

财务分析具有以下几个方面的作用。

①进行财务分析，可以反映企业的各种能力（如偿债、营运、盈利和发展等能力），分析企业存在的问题并及时解决，从而增强企业实力，提高企业的管理水平，促进企业可持续发展。

②进行财务分析，可便于企业投资者更加方便地了解企业的经营情况以及资金流动等情况；还可以检验并评估每个部门的业务性能，从而建立和完善绩效评估体系，调节企业的财务关系，保证企业的财务管理目标顺利实现。

财务分析的缺点是综合性较差，它主要是通过分类汇总整理为企业管理者和投资者提供各种信息，无法更深层次地体现企业的财务能力，无法反映企业在一定时间内的发展状态。因此，企业要对财务分析信息做进一步优化处理，以便企业管理者和投资者更深入地了解企业的发展趋势。

2.2.4.2 财务分析的目的

由于债权人、股权投资者、企业管理者、政府部门的关注点不一样，不同主体进行财务分析的目的也不尽相同。

2.2.4.2.1 债权人进行财务分析的目的

如果企业经营困难，就会导致债权人得不到其应得的报酬，导致债权人的投资与回报呈现出不对等。债权人为了保证自身的利益，会密切关注企业的情况。债权人进行财务分析主要是为了了解企业的财务能力，如控制现金流量的能力以及保持稳定发展的能力。除此之外，债权人都会对企业的结构进行分析，因为企业结构决定了一个企业面临的财务风险，也决定了投资者面临的投资风险。

不同债权人进行财产分析时关注的重点也不一样。短期债务的债权人关心的是企业在短期方面的财务状况以及周转资金的情况；而长期债务的债权人会更加注重企业的未来发展，其会从长远角度分析企业的经营情况，判断企业未来是否具有偿还债务的能力。

2.2.4.2.2 股权投资者进行财务分析的目的

股权投资者将资金投入企业之后，就成为企业的股东，也就是企业的所有人，对企业决策拥有话语权。一般情况下，企业只有在支付完债务利息并分配完优先股股利后，才能向股权投资者分配利润。也就是说，企业越兴盛，投资者就可以获得越多的利润；反之，企业越衰败，投资者要承担的损失就越多。

因此，股权投资者要想进行有效的投资，就有必要分析企业价值，了解企业财务情况。企业价值是指企业未来的收益折现之后的现值，而企业未来的收益取决于现在的盈利状况。由此可以看出，股权投资者在进行投资时需非常谨慎，要对企业进行全方位的分析，包括企业的利润情况、自身的管理水平、在同行业企业中的竞争能力、未来的发展状况及前景等。

2.2.4.2.3 企业管理者进行财务分析的目的

企业管理者是企业经营的直接负责人，为了管理好企业，企业管理者必须对企业进行深入的了解。企业管理者进行财务分析的目的是分析企业的财务流动情况，从而及时发现问题并采取措施解决问题，避免企业出现不必要的损失。企业管理者能够不受限制地获取会计信息，能够更加全面和系统地进行财务分析，以及分析产生事件的原因和结果之间的联系等。

2.2.4.2.4 政府部门进行财务分析的目的

政府部门进行财务分析主要是为了了解企业的经营是否合法。例如，通过财务分析了解企业是否存在超额利润的情况等。

2.2.4.3 财务分析的内容

财务分析的内容主要包括六个方面，分别是偿债能力分析、营运能力分析、盈利能力分析、发展能力分析、财务趋势分析、财务综合分析。

2.2.4.3.1 偿债能力分析

偿债能力就是指在对相关资料进行整合分析后，分析企业到期偿还债务的能力，从而让管理人员、股东以及债权人了解企业的信息。

2.2.4.3.2 营运能力分析

营运能力是指企业运用和管理资产的能力。分析企业的营运能力，有助于相关主体了解企业资产的保值管理、增值情况、利用效率、资本周转率、现金流量等情况。

2.2.4.3.3 盈利能力分析

企业的主要目的是盈利，盈利情况直接反映了企业的综合素质。企业要想实现长远发展，必须获得可观的利润，使企业在市场竞争中立于不败之地。投资人和债权人十分看重企业的盈利能力，企业的盈利能力越强，企业的偿债能力和信用等级就越高。

2.2.4.3.4 发展能力分析

企业管理者、投资者和债权人十分看重企业的发展能力，因为这关乎其切身利益。对企业的发展能力进行分析，有利于投资者避免因决策失误造成不必要的经济损失。

2.2.4.3.5 财务趋势分析

财务趋势分析也就是对企业未来的发展趋势进行分析。通过分析几个时间段内的财务信息，可以准确地找出企业的问题，并及时采取补救措施。

2.2.4.3.6 财务综合分析

财务综合分析即对财务状况进行综合分析，包括企业的利润、成本、现金流量以及投资风险等，为企业提高管理水平、实现可持续发展提供资料支持。

2.2.4.4 财务分析的方法

进行财务分析的方法有两种，一种是比率综合评分法，一种是比较分析法。

2.2.4.4.1 比率综合评分法

比率综合评分法是指通过对比几项财务比率，得出综合数据并进行分析，从而对企业的财务状况进行分析评价的一种方法。这一方法是亚历山大·沃尔（Alexander Wole）最早开始使用的，故又被称为"沃尔评分法"。1928年，亚历山大·沃尔在《信用晴雨表研究》和《财务报表比率分析》两本著作中运用这种评分法对企业的财务状况进行了分析，随即提出了"信用能力指数"这一学术名词。他将流动比率、产权比率、固定资产比率、存货周转率、应收账款周转率、固定资产周转率和股权资本周转率这七个财务比率进行分析，并给予了这些比率不一样的权重，然后通过行业平均数确定各项财务比率的标准值，将得出的值与实际值进行对比。将得出的比例关系与之前给予的权重作乘积，可以得到一个总评分，这个总评分可以对企业的信用进行评价。在此之后，这种方法得以延续并不断完善发展，其财务比率也被丰富为十个，最后成为企业财务分析中不可或缺的一种方法，具体内容见表2-2。

表2-2　比率综合评分法

行次	选择的指标	分配的权重
第 1 行	销售利润率	15.00
第 2 行	总资产报酬率	15.00
第 3 行	资本收益率	15.00
第 4 行	资本保值增值率	10.00
第 5 行	资产负债率	5.00
第 6 行	流动比率（速动比率）	5.00
第 7 行	应收账款周转率	5.00
第 8 行	存货周准率	5.00
第 9 行	社会贡献率	10.00
第 10 行	社会积累率	15.00
合计	—	100.00

用财务比率综合评分法分析企业的财务状况时，要按照以下的程序进行。

（1）确定评价财务状况的财务比率

确定评价财务状况的财务比率时需要注意三个方面。

①全面性。总的来说，能体现出企业的财务状况的因素都应该被包括在内，如偿债能力、盈利状况以及企业自身的运营能力等。

②代表性。选择财务比率时要选择有代表性的数据，这样才能更加明了地反映相对应的问题。

③变化方向的一致性。财务比率有所上升，表明企业的财务状况正在改善；同理，财务比率下降，则意味着企业的财务状况正在恶化，需要及时采取措施进行改善。

（2）确定财务比率标准评分值（通过研究各项财务比率确定一个标准评分值，即重要性系数）

所有的财务标准值相加应该等于100。这对于企业财务状况有重要影响，也是综合评分法中不可或缺的一个步骤。不同的人对各项财务比率的分析存在不同甚至抱有相互违背的态度，这就需要根据企业的实际情况进行分析，具体包括企业的经营范围、经营规模，企业的市场划分以及分析人的出发点等。

（3）确定财务比率评分的最大值与最小值

计算这两个值可以保证总分的准确性。

（4）确定财务比率的标准值（企业的各项财务在最优状况下得出的最理想的数值）

这个值要根据与同行业进行比对之后得到的平均水平来确定。

（5）计算关系比率

每项财务比率实际值/每项财务比率标准值即关系比率，可以反映企业的财务比率的实际值与标准值的偏差。

（6）统计每项财务比率的实际值（关系比率 × 标准评分值）

每项财务比率的实际值都是固定的，并且低于上限高于下限。把所有的值进行整合计算就可以得到企业财务状况的实际分数，其直接明了地反映企业的综合财务状况。如果这个值大于或等于100分，就说明企业的财务状况良好，能够达到预期的目标；如果这个值远小于100分，则说明企业的财务出现了一系列问题，需要及时进行改善。

2.2.4.4.2 比较分析法

比较分析法是一种对比企业财务状况的方法。这里所说的"财务状况"可以是一个企业在不同时期的财务状况，也可以是不同企业之间的财务状况。比较分析法可以分为以下两种。

①一种是纵向比较分析法，又称"趋势分析法"。它是指通过对比同一个企业在不同时段的财务状况，分析出企业的发展趋势。

②另一种是横向比较分析法，即将不同企业在同时期的财务状况进行比较，得到不同企业在财务状况方面的差异，从而分析得出企业财务出现的问题。

2.2.4.5 财务分析的程序

财务分析一般包括以下几个步骤。

2.2.4.5.1 确定财务分析的范围，收集相关资料

确定财务分析的范围至关重要，财务分析的范围决定了业务活动的反映范围。例如，债权人关心的是企业有没有偿还债务的能力，故不会分析企业活动的全部过程；企业管理者要对企业活动进行全面的了解，而收集的资料的数量决定了管理者对企业活动的了解程度。

2.2.4.5.2 选择适当的分析方法，确定分析指标

当财务分析有不同的目的和范围时，对应的指标和分析方法也会不一样，而每一种方法都有自己的特点。在进行部分财务分析时可以选用一种方法进行分析，而进行全面财务分析时应该运用多种方法分析并进行对比之后，再确定分析指标。这样才能使分析的结果具有准确性、有效性。

2.2.4.5.3 进行因素分析，抓住主要矛盾

进行财务分析后，可以发现许多影响企业发展的因素，分为有利因素、不利因素和内部因素、外部因素等。在对这些因素进行分析时，首先要找出关键点，也就是影响企业发展的主要原因，这样才能够确定相对应的解决办法。

2.2.4.5.4 为进行经济决策提供建议

财务分析是为企业决策提供参考条件所做的一项数据分析。通过以上程序的分析比较后，通过权衡各种方案的优缺点，选择最适合企业的方案。这个过程被称为"信息反馈"，企业的决策者可以从中总结经验、吸取教训，以改进自身的工作。

第3章　成本与成本管理

随着时代的变迁与经济的发展，理财环境不断变化。目前企业的财务管理目标已经不再是利润最大化或股东财富最大化，而是通过综合利用管理信息、灵活运用会计方法，参与企业的预测、计划、决策、控制、评价等活动，并为之提供财务信息，推动企业财务管理目标的实现，从而在长期的经营活动中取得竞争优势，使企业价值实现最大化。

3.1　成本管理概述及其理论发展

3.1.1　成本与成本管理概述

3.1.1.1　成本

为了达到特定目标所失去或消耗资源的货币表现就是成本。成本是商品经济的价值范畴，是商品价值的组成部分。随着商品经济的持续发展，成本的概念也在不断地发展和变化。

目前，成本的定义已经不再局限于产品的成本。例如，美国会计学会（American Accounting Association，简称AAA）就把成本定义为："成本是为了一定目的而付出的（或可能付出的）用货币测定的价值牺牲。"从这个意义上讲，成本不仅包括产品成本，还包括人工成本、工程造价成本、研发成本、资金成本、资产成本、质量成本、环保成本等。

成本的具体含义如下。

①成本隶属于商品经济的价值范畴。也就是说，成本是商品价值的主要组成部分，是商品生产时所消耗资源的货币表现。

②成本是从销售收入中得到补偿的价值，可以保证企业的再生产。

③成本的本质是价值牺牲。从广义的角度来看，成本是为达到某种目的而放弃另一种目的所牺牲的经济价值。例如，经营决策中的机会成本就具有这种含义。

此外，不同企业的成本管理目的不一样，对成本信息的需求也不一样，因此成本的组合富有多样性。与此同时，人们对成本的认知也越来越深刻，目标成本、可控成本、责任成本、相关成本、可避免成本等新的成本概念不断涌现，构成了具有多样性的成本系统，如图3-1所示。

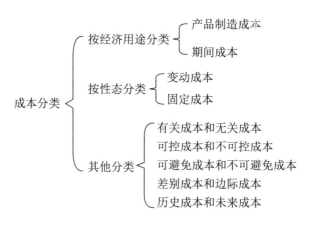

图 3-1　成本分类

3.1.1.2　目标成本

目标成本是指在进行产品研发和生产时为了实现目标利润而为全体员工设定的一种预计成本。目标成本是根据企业的总体目标制定的，其可被逐级分解成全体员工需要实现的详细目标。目标成本注重全体人员的参与和专业人员的帮助，以此提升各级管理人员和全体员工的活跃性和创造力。

3.1.1.2.1　目标成本的特点

目标成本的计算方法具有以下几个特点。

①以客户为导向求得竞争优势。

②以市场价格为上限，谋求减少成本。

③在产品研发与生产阶段就注重减少成本。

④采购部门在未开始生产产品前就预测了产品的功能、消费者的需求、产品的成本和利润。

⑤采用多种方法在保证产品功能的前提下减少产品成本。

3.1.1.2.2 目标成本的重要性

目标成本的重要性如下。

①可以起到激励作用。

②有利于企业管理者制订工作计划，更合理地分配人力和物力资源。

③使企业管理者清晰地认识组织的构造、职责和目标之间的关系。

④确保成本管理工作可以有效地开展。

3.1.1.3 成本管理

成本管理一直是企业经营管理工作的重心，直接关系到企业的生存与发展。在遵循成本效益的原则下，成本管理活动应权衡实施成本和预期效益，合理、有效地进行成本管理。成本管理的方法众多，包括但不限于目标成本管理、标准成本管理、变动成本管理、作业成本管理、生命周期成本管理等。企业经营管理中最重要的组成部分就是现代成本的管理，它是实现现代企业目标的一个必要途径。

企业要想在竞争激烈的市场经济条件下得以生存或谋求发展壮大，必须注重企业成本管理。控制成本的最直接的方式就是减少成本，这样可以增加利润，提高企业的整体管理水平，逐渐增强企业的核心竞争力。

成本管理是企业管理的主要组成部分，它要求企业应构建更加全面、科学、有效的管理系统，对于企业管理水平的提升具有非常重要的意义。

要想完善成本管理和提升成本管理的水平，首先，认真开展成本预测工作，确定成本水平和成本目标，对比分析实现成本目标的各项方案，做出最有效的成本决策；其次，编写成本管理规划，并将其作为成本管理的依据。

除此之外，企业还要加强对成本审核工作的监察力度，及时发现并解决生产经营过程中的浪费现象；认真做好成本核算工作，建立健全成本核算制度；

控制好成本开销，采取合适的成本核算方式，对产品成本进行正确的预测；完善成本考核、成本分析等工作，对每个部门的成本管理成果进行准确的评价，不断改进和完善成本管理的方法，提升企业的成本管理水平；定期进行成本分析，探索可以减少生产消耗和节省成本开销的方法；实施指标解析，落实每项成本指标，分批、分阶段地实行考核和管理，适当地将成本管理与经济责任制度相结合。

成本是表现企业生产经营管理水准的指标。因此，成本管理不能只关注生产活动，还应该关注产品的设计、工艺的安排、设备的利用、原材料的采购、人员的分配等方面，关注产品生产、技术、销售、经营和存储等多个方面。参与成本管理的人员应包含每个部门生产经营活动的管理人员，充分调动员工积极性，实现更加全面的成本管理。只有这样，才能最大限度地激发企业减少成本的潜能，使整个企业的成本管理水平得到提升。

世界经济布局正在发生巨大的变化。在这样的市场经济条件下，企业面临的是世界范围内的全方位竞争。随着我国企业结构和经营环境的变化，不利于企业成本管理的因素也在与日俱增。例如，由于农产品的价格上涨的速度太快，各种生产资源的价格，特别是钢材、煤炭、石油等产品的价格与往年同期相比有了大幅度的提高，企业的成本管理承受着前所未有的压力。也正是因为这样，企业要想在竞争越来越激烈的市场环境中谋求经济利益，取得绝对性的竞争优势，就必须精细打算，加大成本管理的力度，努力寻找减少成本的途径和方法。

企业要想实现良性发展，首先要做好销售工作。企业的销售情况越好，企业的营业额也就越高，企业就越有可能发展壮大，但还有一个特别需要注意的重要因素，即成本。如果企业的成本过高，营业额越高并不代表利润越高。在正常的情况下，成本下降的幅度要比利润增长的幅度大，这说明企业必须对成本管理予以足够的重视。这一工作涉及产品的设计成本、采购的成本、质量的成本、销售的成本、工作的流程、占用资金、减少库存等各个阶段。降低产品的成本，有利于提升企业的生产能力和企业的市场竞争力，提高资源的使用率，进一步完善企业的经营管理，促进企业不断发展和壮大。

3.1.1.3.1 成本管理的内涵及意义

成本管理是企业在生产经营过程中进行的一系列活动的统称，如成本预算、成本决定、成本规划、成本核对、成本分析和成本评估等。它的主要目的就是在保证产品品质的前提下降低成本，做到用最低廉的生产成本实现最佳的生产效果。

成本管理的意义有如下几点。

（1）可以通过成本管理活动降低产品成本

企业生产过程中产生的支出就是生产成本。产品费用只是构成生产成本的一部分。企业所获得的销售收入，需要对生产过程中支出的成本进行弥补，确保企业的持续生产。如果销售收入大于成本，说明企业处于盈利状态，可以扩大企业的再生产；如果销售收入小于成本，那么企业处于亏损状态。如果亏损金额越来越大，那么企业就不能继续经营，甚至会面临破产的风险。由此可见，成本水平对企业生存具有重要的意义，降低成本是成本管理的主要任务。

（2）可以通过成本管理活动提升企业的经济管理水平

成本指数是一项综合性的经济指数，企业每项工作的质量都可以通过成本指数来体现。成本管理可以发现企业在经营管理工作中存在的不足，找出问题产生的原因，并提出解决的方法。因此，成本管理可以促进企业改进生产管理、技术管理、品质管理、劳动管理和物品管理等多方面的管理工作，提升企业的经济管理水平。

（3）可以通过成本管理活动提升企业的经济收益

成本费用的降低代表着收益的增长。因此，企业可以通过成本管理从不同的角度降低成本，提高企业的经济收益。

（4）可以通过成本管理活动提升企业的竞争力

企业的成本对产品的价格有很大的影响。如果企业的成本较高，而产品的售价较低，会给企业未来的发展带来不利的影响。有效的成本管理活动，可以降低企业的成本，提升企业的竞争力。

（5）可以通过成本管理活动提升企业全体员工对成本的认识

进行成本管理时，除了要使用科学的管理方法之外，还需要成本管理者对成本有全面的认识，激发企业降低成本的潜力。

3.1.1.3.2 成本管理的方法

成本管理的方法主要可以分为两种，分别是目标成本法和作业成本法。

（1）目标成本法

目标成本法是一种面向市场的方法，用于对具有独立制造流程的产品进行利润规划和成本管理，是一种全过程、全方位、全人员的成本管理方法。该方法可分为三个阶段：首先，在设计时期，将市场导向定为目标成本；其次，在设计时期完成设计工作后，计算实际成本与目标成本的差别；最后，在生产时期，采用持续改进成本法来实现预先设定的目标成本。

（2）作业成本法

作业成本法将直接成本和间接成本视为产品消费作业的成本，扩大了成本计算的范围，使计算的产品成本更准确、更真实。作业是成本计算的基础对象和中心，产品成本和服务成本是全部作业成本的总和，是实际耗用企业资源成本的总结。作业成本法在精确成本信息，改善经营过程，为资源决策、产品定价及组合决策提供完善的信息等方面发挥了巨大的作用。目前，世界上有许多先进的企业已经将作业成本法作为改善原有会计系统、增强企业竞争力的有效方法。

3.1.1.3.3 成本管理的重要性

在企业发展的过程中，成本管理具有重要的经济地位。如果不同企业生产的同一产品的产品性能和产品质量基本相同，那么成本就成为影响其价格高低的重要因素。只有保持优质的产品、服务以及低廉的价格，企业才有可能在市场的竞争中处于领先的地位。

①成本管理可以对企业的管理和经营工作进行改善。成本管理是通过确定标准、发现问题来改善企业的管理和经营工作的。企业只有严控成本，促使各个成本管理责任中心严加管理，厉行节约，才能改善整个企业的经营管理。

②成本管理可以增加企业成本资料的真实性。成本管理的首要任务就是分析实际成本与目标成本的差别，而这项工作需要以最真实、最准确的事实资料为根据。因此，为了获得真实、准确的成本资料，记录工作必须自始至终足够完善。

③管理成本最直接的办法就是减少成本。当其他因素不变，就必须通过

减少成本来增加利润。减少成本不仅可以增强企业防御经营风险的能力，还能够增强企业的竞争力。因此，成本管理与企业的经济利益、生存发展有直接的联系。

④成本管理可以使企业经济责任制度更加完善和稳固。成本管理所要达到的目标就是企业的总体目标。因此，企业的成本管理需落实到企业内部的每一个责任单位，使每个责任单位的成本都得到有效的控制。

3.1.1.3.4 成本管理面临的挑战

近年来，随着我国企业革新的逐渐深入，经济结构调整和企业经营环境的不断改变，企业的成本管理面临着前所未有的压力，一些问题开始逐渐显现。

（1）人力资源的成本迅速上升

近年来，随着社会的高速发展，我国的劳动成本有了明显的增长，成为企业成本管理必须要面对的考验。

激烈的人力资源竞争是人力成本迅速增长的原因。市场的竞争就是人力资源的竞争，竞争越强烈，人力成本的上升速度就越快，而这种情况是大势所趋。此外，基于人们对于工资的差别和劳动力价值的认识以及对劳动报酬的追求，企业需要在一定程度上提升人力成本。

（2）能源和其他材料的价格不断上升

企业的经营成本，如水电、原材料、房租、运输等价格都在不断上升，而产品的销售价格无法同步提升，因此企业的利润增长空间逐渐缩减。经统计，石油消费在各种能源消费中占很大的比例，而影响国际油价的原因繁多，因此石油价格上下浮动较明显。这对其他能源的供应价格具有直接的影响，从而使企业的成本管理面临着巨大的考验。

（3）环保的压力逐渐加大

人类依赖环境而生存，但是我国企业在环保方面依然存在很多问题，环保问题逐渐成为限制国民经济发展和人民生活水平提升的原因。因此，国家提出了环境保护的紧迫性，这使得许多企业都加大了对环境保护的投入力度。

（4）企业面临的市场压力越来越大

产品的种类越来越多、复杂性越来越强、生命周期越来越短，这为企业带来了前所未有的压力。

（5）企业进行成本控制的方式不够深入

企业通常都会通过减少成本以获取更多的利润，具体方法有以下几点。

①降低原材料的收购价格。

②减少对于某种产品项目的物料投放。

③降低运营过程中的工价。

而以上方法都未能有效地渗透到产品设计、产品输出的整个成本控制过程，甚至会导致产品质量无法在市场中得到认可，成本控制的方式浮于表面，不够深入。

（6）只由财务部门进行成本管理

大部分的企业对成本管理的定位都不明确，经常会把成本管理所承担的责任分配给财务部门，而忽略了各个部门间和员工间的协作。例如，采购成本是由采购人员掌控的，生产成本是由生产人员掌握的，而这些过程都是财务人员控制不了的，会导致财务核对的数据经常与采购流程和生产流程脱离。由此可见，只依赖财务部门进行成本管理具较强的限制性。

（7）企业一味地要求低成本

当前，部分大型生产企业为了节约成本，只购买价格低质量不合格的原材料让工人在没有空调的车间工作或者减少工作站，导致工人的劳动强度过高，造成产品质量问题，同时也导致人员流失，逐渐失去已经占领的市场。因此，企业不能贪图便宜购买不好的原料，也不可以用节约人工费的方式减少成本。

（8）成本管理制度存在漏洞，实施力度不足

第一，企业的成本管理理念跟不上时代的变化。传统的成本管理主要通过增强与供应商或者分销商的协商来实现成本转移的目标。在竞争越来越强烈的市场环境下，成本优势对于企业的生存十分重要，而落后的成本管理理念已经无法适应不断变化的经济环境。例如，在公开的市场状况下，成本转移会使企业失去合作伙伴。

第二，成本管理较为粗浅。

①各项定额管理、原始记录制度还不健全。

②标准计量工作不到位，水、电、气等方面出现的"跑、冒、滴、漏"的

情况十分严重。

③生产时的用料太过大意。

④在购买原材料、物资的时候存在质量问题和过度浪费问题。

⑤只注意生产过程中的成本管理，忽略了供应和销售过程中的成本管理。

此外，原材料购买中的暗箱操作情况也是采购成本无法降低的原因。

每个企业都有自己的主打产品，主打产品的销量一般较高，可以保证企业获得良好的经济效益，而一些低效益或者是无效益的产品则会消耗高效益产品的利润，导致企业的利润减少，生产的成本增加。

第三，分工太过于精细，导致员工对于成本的认识不够全面。员工无法感受到来自市场的压力，导致企业管理的协调成本过高，不利于企业管理效率的提升，为企业带来了一些低效率成本，造成了经济损失或者是人力资源的重度消耗，导致生产成本增加，经济效益减少。

第四，资金的运作水准低。如果企业的资金支出多于收入，资金被挪用、占用等问题也会导致资金成本不断上涨。

3.1.1.3.5 成本管理的途径

在现代化企业的推行下，提升经济效益成为企业生产经营的出发点和目的。很多不利因素给企业成本管理工作带来了挑战，而要想提升企业的经济效益，最重要的就是加强企业成本管理。加强成本管理，需要从以下几点入手。

（1）财务范畴的控制

①提升资金运作的水准。要提升资金运作的水准，首先，要增加收入、节省开支；其次，要对资金实行追踪管理，规范资金的调动和使用，做到专项钱款专项使用，避免资金被挪用；最后，要加强催收应收账款的力度，减少未收回款项的比值，提升货款回拢的速度，减少存货的比例，强化存货的管理。以上方法可以减少资金被占用的情况，优化资金的构造，合理支配资金，提升资金周转速度，减少筹集资金的成本。

②财务人员应做好事前、事中和事后成本工作。财务人员应事前做好成本预测、决策和成本计划，事中做好成本控制和核算等工作，事后做好对成本分析、记录工作，从管理的角度挖掘减少成本和获得经济效益的潜能。

③节约各项开支。企业可以根据财务的管理制度，拒绝铺张浪费，争取把

各项费用降到最低，同时尽可能减少材料费、差旅费等费用。

（2）战略管理范畴的控制

①要想寻求新的出路，就要对技术进行创新。当企业降低成本到某个限值后，如果企业没有进行技术工艺方面的创新或者更新设备等，就会越来越难降低成本，甚至出现成本上涨的情况。也就是说，当成本减少到一定程度以后，企业只能通过创新实现成本控制。例如，通过技术创新减少原材料的使用量或是寻找低价的新材料来代替高价的材料；通过改进工艺减少材料的损耗，提升材料的使用率；通过创新作业流程和管理方法提升劳动生产率和设备的使用率，减少生产的人工成本；用创新的营销方法提升销量，减少产品的销售成本。企业只有不断摸索、持续创新，才能有效地减少企业的成本。

②以销售量给生产定量。盲目地生产产品只会造成产品堆积。企业管理者应该对企业的销售情况做出精准的预测，确定企业产品的生产数量。销售预测判断失误会让企业付出巨大的代价。例如，某企业的管理者因为企业在第一个销售旺季时取得了优异的成绩，就认为下一个销售旺季仍然可以通过同样的产品获得优秀的销售量，于是在销售淡季的时候运用空闲时间安排大规模生产该产品。可是到下一个旺季的时候，这批产品早已过劲，即使降低价格也卖不出去，导致企业存货积压严重，出现了巨大的损失。

（3）采购范畴的限制

目前，市场竞争日益激烈，如果企业的材料采购人员办事不力，就容易导致企业出现资金短缺的问题。解决这一问题的具体措施如下。

①在科学分析的基础上制订采购计划，对于订货数量大的情况，应在确定好采购的项目、供货的地方、采购的时间等内容之后再进行采购。

②加速推广集中采购制度，建立公共的采购平台（如原材料、辅料、低价值的消耗品、办公用品等），实现价格和供应商等资源的共享。

③推广直接供应制度，逐渐取缔通过中间商采购的情况。

④建设采购责任机制，强化采购人员和审查人员的责任观念。

⑤对原材料和辅料的采购价格进行整理，在上一次采购价格的基础上逐渐降低采购成本。

⑥建立采购奖罚制度。

⑦强化技术。

一般来说，采购部门要根据企业生产计划来编制采购计划，而企业生产计划是根据销售计划来制定的，这样环环相扣，只要销售计划没有大的偏差，采购计划大体上就是合理的。

（4）生产范畴的控制

①综合利用企业的设备，充分发挥设备的效果和性能，提升设备的使用效率。具体做法包括：制订合理的生产计划，避免设备闲置的情况；定期检查和维修设备，提升设备的使用率；对员工进行合理排班，保证员工的实际工作时长合理合规；开展专业合作等，降低产品的固定成本以及折旧成本。

②优化工作进程。制订合理的原料和辅料的成本定额；建立并完善计量、检验和物资发放的管理制度；完整记录各项设备的使用数据，如产品、生产数量、生产的种类、生产的质量、原料的损耗情况、员工的工作时长和考勤等，以便为财务部门提供精准、全面、有效的信息。

③降低剩余的库存数量。库存占用了空间，而且还需要搬运和存储，这些都会导致成本增加。库存过多会产生两个方面的影响：第一，腐蚀和变质的情况会越来越严重，造成浪费；第二，产品在不断地完善、创新，库存的产品极易在短时间内变成过时产品。降低库存不仅要从降低产品价格入手，还要加强对库存的管理力度，缩减生产线上的产品，科学地预测销售量，精确地计算生产成本、存储成本以及货物短缺成本等，将库存产品的总金额和库存的数目控制在合适的范围内。

④对员工成本的限制。要想限制企业在劳动力方面的投入，可以通过裁减人员、为员工制定合适的岗位、加强员工管理，来实现节省劳动力、降低人工成本的目的。如果企业中的多余人员太多，会增加企业的人工成本，降低企业的利润。

⑤调动员工的积极性。为了全方位提升企业员工的素质，发挥成本管理的作用，需要了解各种成本的经济责任，把责任落实到部门和个人；完善收入分配制度，奖励优秀的组织和个人；实施奖惩制度，调动全员对于工作的热情。

⑥控制质量成本。质量是成本的基础，提升质量不一定会增加成本，而降低成本一定不能损害质量。要想减少质量成本，就要加强工作质量，减少浪

费、减少返工时间、减少资源耗用等。

（5）销售范畴的控制

①控制销售成本。销售部门除了通过提升销售量和市场占有率来降低成本之外，还可以通过强化销售资金的使用效率来降低成本。第一，销售部门要构建和改进销售服务的营销体系；第二，销售部门要认真研究国家、地方的税收政策，进行合理的税务筹划；第三，销售部门要通过合理的经济决策降低运输成本；第四，销售部门要通过成本最优决策提高广告费的使用效率。

②降低物流成本。企业可以通过提高配送效率来降低物流成本。提高配送效率的方法有减少运输次数、提高装载率、合理安排运送车辆、选择最佳的运送手段等。

3.1.1.3.6 成本管理的目标

成本管理涉及企业业务流程相关的所有资本的支出。它不仅包含财务会计运算的历史成本，还包含当前和未来内部业务管理成本；不仅包含企业内部价值链中的资本支出，还包含产业价值链调整所涉及的客户和供应商的资本支出。

不同企业的成本管理体系不同，成本管理的目标也不同。传统的简单加工型企业的成本管理局限于简单的成本运算，其成本管理的目标只涉及企业内部所发生的资本支出。而大企业要想在激烈的市场竞争中脱颖而出，就必须注意竞争对手和所有与企业经济效益有关的人员。因此，大企业的成本管理目标打破了企业的边界，涵盖了所有与企业经济过程有关的资本损耗。

总的来说，成本管理目标可以分为总体目标和具体目标。

（1）成本管理的总体目标

成本管理的总体目标是为实现企业整体经营目标而存在的。成本管理的总体目标包括为企业内外部的相关利益者做出决策提供所需要的各方面信息作为依据，以及运用各种经济、技术手段控制企业成本。

在不同的经济环境中，成本管理总体目标有不同的表现形式。在竞争性经济环境中，成本管理的总体目标需要根据竞争战略确定；在成本引领战略环境中，成本管理的总体目标是降低企业的成本；在差异化战略环境中，成本管理的总体目标是在不断降低成本的同时，保证实现产品、服务等方面的差异化，对产品生命周期的成本进行全面管理。

（2）成本管理的具体目标

成本管理的具体目标有成本计算目标和成本控制目标两种。其中，成本计算目标是是指为全部信息使用人员提供成本资料。例如，外部信息使用人员主要需要与资产价值和损益情况有关的资料，此时成本计算目标就是确认存货的损益和价值，根据成本会计制定的规则计算财务资金，满足相关人员编制资产负债表的需要。内部信息使用人员需要通过成本信息对业务进行管理，此时的成本计算目标就是通过向相关人员提供成本信息来加深人们对于成本的认识，通过成本差别分析对管理者的绩效进行评估，通过损益均衡分析等办法促使企业管理者不断改进。

3.1.1.3.7 成本管理的原则

（1）集合一致和不集中管理构成原则

企业成本管理需要所有部门共同完成，每个部门的成本管理都应该遵循集合一致和不集中管理构成的原则。其中，集合一致是指厂长（经理）负责经济管理，财务会计部门负责联合管理、联合协调、联合核算；不集中管理是指资金不实行集合管理，每个生产部门、职能部门都应按照各自的职责对责任资金进行管理和控制。这一原则可以调动企业各方面的积极性，使所有部门共同完成成本管理目标。

（2）技术和经济结合原则

要想做好成本管理，就要深刻理解技术和经济结合的原则。实际上，成本管理不仅仅是一项会计工作，它与企业中的所有部门和全部员工都有所关联。正因如此，成本管理不能只由财务会计部门负责，要避免"搞技术的不问成本，搞成本管理工作的不参与技术决策"的倾向。成本管理的主要任务是减少成本，而减少成本要从产品设计、工艺革新、材料选取等各个方面入手。因此，相关职能部门的设计者、材料采购人员、工程的技术人员都应该了解和关注成本；成本管理者需要向生产技术部门的人员进行研习，了解技术和生产的过程，参与到成本和技术决策当中。只有在各方面的共同努力下，才能高效地完成成本管理工作。

（3）专业管理和群众管理结合原则

虽然成本管理是一项高度专业的工作，没有经过专业训练的人很难做好成本管理工作，但是只依靠专业的成本管理人员进行成本管理是远远不够的。成本管理是一项需要群众共同参与的工作，只有全体职工一起努力，才能更好地完成这项工作。

（4）成本最小化原则

成本管理的主要任务就是分析在一定的条件下成本减少的各种影响及原因，制订可以实现的成本管理目标，经过有效的限制和管控达成该目标。在实施成本最小化原则时，首先要注意的就是综合探究在实际工作中减少成本的可能性和影响成本的诸多因素。需要注意的是，企业越早遵循成本最小化原则，企业受益的时间就越长，各个环节也可相互促进、相辅相成。要想探究成本最小化，首先要从实际出发，其次要关注成本最小化的相对性。

（5）全方位管理原则

很多企业在进行成本管理时都会陷入一个误区，即重视现实成本和生产成本的计算，而忽略其他成本的管理工作。实际上，成本管理是一项系统化的工程，它与企业生产经营的各个环节紧密相连。如果某个环节的成本管理出现问题，那么企业整体的成本管理工作都会受到影响。

3.1.2 成本管理理论的发展

3.1.2.1 国外成本管理理论的发展

国外成本管理理论的发展是一个漫长的过程，经历了事后管理、事中管理、事前管理三个阶段。成本管理理论形成与发展的内在动力是企业竞争环境的变化。

3.1.2.1.1 第一阶段——利用成本信息进行事后分析

这一阶段为19世纪初期到20世纪初期，经历了约100年的时间。19世纪英国工业革命后，机器取代了体力劳动，工厂取代了手工作坊，企业的规模逐渐扩大，不同企业之间的竞争呈激烈趋势，各个企业都提高了对生产成本的重视。在工业革命以前，会计的主要工作是记录企业之间的业务往来关系。在工业革命以后，随着大规模生产经营活动的开展，为了减少制造业制造产品所消耗的资源，会计的主要工作被分为两方面：一方面是开始重视成本信息，并把成本记录与一般会计记录合并，形成了记录型成本会计；另一方面是使用成本信息评估企业管理者和生产者的绩效。

有美国专家发现，最早的制造成本记录是19世纪上半叶出现在新英格兰的多级棉纺企业的成本记录。根据这些最原始的记录显示，当时企业所使用的成本记录方式十分烦琐。

19世纪中叶，铁路工业的出现和发展成为早年促进成本管理系统发展的庞大动力。铁路工业是当时最大的企业组织，它的生产经营管理比19世纪上叶的新英格兰纺织业还要烦琐。为了更有效地管理运营成本，铁路工业企业的管理者对与成本有关的许多因素展开了研究，如每吨公里成本、每个客户的成本、运营率（运营成本和收入的比例）等。这些成本因素后来被逐渐发展起来的钢铁行业所使用。

安德鲁·卡耐基（Andrew Carnegie）是一位比较注重资金管理的知名钢铁企业家，他对成本管理的贡献体现为以下三个方面。第一，他仔细地规划了成本信息产生的过程，要求企业各部门罗列出各个生产环节所消耗的原材料和人工成本，并提交相关的报表。第二，运用成本信息评估经理和生产工人的绩效。他经常向部门主管质询单位成本变动的因素，十分关注影响运营率的因素。他还会将每个经营单位当月的成本与上个月的成本进行对比。如果条件允许，他还会把企业的成本信息与其他企业的成本信息进行对比，以确定管理者和生产工人在成本管理中的表现。第三，对于其他方面的管理。例如，给产品制定价格和原材料的质量检查等都是通过成本信息进行管理的。安德鲁·卡耐基的行为说明了19世纪末的管理人员运用成本资料对大型建造企业进行管理的概况，让企业管理者了解到，完善的成本管理系统对企业的发展至关重要。

3.1.2.1.2 第二阶段——以事中控制成本为主

这一阶段为20世纪初到20世纪40年代末，它最主要的特点就是规范了成本管理方法的构成和进展。

20世纪初发展起来的从事多种生产经营活动的综合性企业和科学管理理论推动了成本管理系统的创新。美国工程师弗雷德里克·温斯洛·泰勒

（Frederick Winslow Taylor）被称为"科学管理之父"，他在1911年发表了《科学管理原理》一书，书中详细地说明了产品标准操作程序及操作时间等具体内容，建立了详细、精准的原材料和劳动力的应用标准，并按照科学的方法以工作量为标准来支付工人的薪酬。与此同时，这本书还提出了很多新的资本计算指标，如材料的标准成本、人工的标准成本等。这些内容为成本管理打下了坚实的基础。

1911年，美国会计师查特·哈里森（Charter Harrison）设计了一套相对完善的基础成本会计系统。1918年，他发布了一些论文，对成本差别的解析公式和有关的会计处理进行了详细的描述。从那时起，标准成本会计就走出了试验阶段，进入了实践阶段。我国管理会计界的余绪缨教授认为："成本会计向深度上发展，是从单纯的成本计算发展到成本计算与成本控制（管理）相结合，并深入生产过程，为挖掘降低成本潜力服务。具体表现为从事后的实际成本计算向标准成本系统发展。"

标准成本控制系统在内容和方法上表现出以下几点特征：一是通过制订各种成本标准限制成本；二是成本管理的目的是实行预先确认的成本标准；三是成本管理的核心是当下成本发生的进程；四是通过成本管理差别解析成本管理的水准。由此可见，标准成本系统的最大优势就是建立了较完善的系统反馈机制，可以及时发现差异并进行处理，从而进一步改善成本控制的效果。

标准成本系统的出现将成本管理的核心从事后核对和解析转变成事中成本控制。它打破了人们对传统成本管理理念的认知，对成本管理理念和方式的发展和创新具有十分关键的意义。标准成本系统被引入企业管理以后，便成为最有效的成本管理办法。之后，人们对于标准成本系统中的重要环节又进行了研究。例如，怎样科学地制订成本标准，怎样保证成本差别解析等工作的进行，怎样逐渐完善标准成本系统等。在讨论时，学术界也针对成本管理提出了一些具有创造性的办法，如固定成本管理方法、成本预算（规划）限制法等。

3.1.2.1.3 第三阶段——以事前限制成本为主

这一阶段为20世纪50年代初期至今。在第二次世界大战以后，科学技术迅猛发展，电气自动化生产进程不断加快，企业规模越来越大，市场竞争也越来越激烈。要想顺应社会经济的发展，就需要考虑现阶段大型生产的实际需要，实行现代化成本管理。首先，应该将高等数学、运筹学、数理统计学中的计量办法引入成本管理；其次，基于计算机的信息处理技术可以满足人们对于快速得到成本数据的需求。

在这种情况下，自然科学、技术科学、社会科学等领域的研发成果逐渐被应用于企业成本管理，成本管理由此进入了一个新的发展时段。在这一阶段，成本管理的核心是事前限制成本。具体体现在以下两个方面。第一，学术界开始将讨论的重点放在开展成本预测和决策的方法。也就是说，学术界开始重视如何运用现代预测理论和方法建立数量化的管理系统，以准确地预测成本；如何运用现代决策理论和方法，以各种成本资料为依据，遵循成本最优化的要求，探讨各种经营方案的可行性，从而选取最佳方案，实现最大的成本效益。第二，学术界开始注重从工作实际出发，拓宽成本管理研究的思路，提出符合企业实际的成本管理方法，并将其理论化，进而丰富现代成本管理理论的内容。这一阶段的成本管理理论与方法主要包括目标成本管理法、责任成本管理法、质量成本管理法、作业成本管理法等。

3.1.2.2　我国成本管理改革回顾

自中共十一届三中全会以来，在改革开放的总体政策指导下，中国的成本管理工作快速发展。1980年9月，中国成本研究会成立，此后先后组织了十余次全国成本理念和实验探讨会，发表了三辑《成本管理文集》，并在学术交流中结合中国的实际情况，对成本管理理念和倾向、政策和方案等多个方面进行了全面且深入的研究，有效地促进了我国成本管理理念的发展，有利于我国企业成本管理水准的提升。1984年，国务院颁布了《国营企业成本管理条例》；1985年，全国人民代表大会常务委员会通过了《中华人民共和国会计法》；1986年，财政部颁发了《国营工业企业成本核算方法》。这些法律法规的颁发和实行，使我国的成本管理工作更加规范，极大地促进了我国成本管理新局面的形成。

改革开放以来，我国的成本管理变革取得了不错的成绩，这意味着我国的成本管理步入了新的发展时期，主要体现在以下几个方面。

①观念上发生了极大的变化。现在人们对于成本管理已经有了普遍的认

知，会主动学习科学有效的管理方式和经济比较发达的国家的优秀经验，并结合我国的实际情况，把他们的优势为我们所用。

②成本管理已经扩展到了专业技术的领域，成本限制已经渗入成本管理的各个方面。有些企业虽然进行了成本管理，但是只局限于生产范围的成本管理，没有对产品的设计成本进行管理。实际上，在设计新产品的时候，按照预计的价格减去目标收益和须缴纳的税款，就可以得到产品的设计成本。

国内一些企业在进行成本管理时，将价值工程当作实现成本管理目标的途径，使成本管理持续朝着更深层次发展，为节省成本和提升经济效益开创了新的路径。

③对传统产品成本核算方式进行改革，最大限度地发挥成本核算的作用。在进行管理成本改革时需要注意加大成本会计的工作力度，并使成本核算信息能够满足微观经营管理的需要，适应宏观经济管理的要求，区分变动成本与固定成本，符合成本预测和成本决策的要求。

④划分成本核算单位，推行责任成本制度。责任成本制度是在企业内部通过划分成本责任单位，编制责任预算，组织责任核算，实施责任目标成本控制，提供业绩报告，对企业内部各责任单位的可控成本进行核算、控制、监督与考核的一种内部经济责任制度，但是责任会计的职能并没有在实际工作中得到充分的发挥。作者通过走访部分企业进行调查后显示，虽然大部分企业均采用了责任会计，多数大中型企业还设置了"成本中心"和"费用中心"，但是在对"责任中心运用的效果"的调查中，回答"较好"的占30%，"不太好"的占40%，"比较差"的占30%。由此可见，很多企业的责任成本制度并没有达到预期的效果。

⑤把策略管理理念引入成本管理，构成策略成本管理。当前的企业生存环境发生了很大的变化，当产品量产需求饱满的时候，会朝着多元化的方向发展，客户对产品的品质、服务、使用寿命等方面也提出了新的消费需求。目前，社会高新技术在生产领域得到了普遍使用，如人工智能技术、电气自动化技术等，企业的创造环境从传统的劳动紧密型转变为技术紧密型，企业间的竞争也越来越激烈。面对如此激烈的行业竞争，企业必须形成策略理念，根据客户的需要和竞争条件的变化随时进行调整。

⑥引进先进的成本管理方式和措施，主要包含标准成本方法、对象成本方法、更改成本方法和营运成本方法等。企业应该把本身的成本管理对象与现实的生产经营过程相结合，采用不同的方法，结合成本管理工具，更好地实现成本管理的目标。企业在应用不同的成本管理工具和方法时，应以各成本管理工具和方法的兼容性、资源共享性、适用对象的差异性、方法的协作性和互补性为先决条件，保证成本管理工具和方法可以最大限度地发挥作用。

3.1.2.3　关于战略成本管理

自美国经济学家伊戈尔·安索夫（H. Igor. Ansoff）于20世纪60年代提出企业战略管理理念以来，战略管理就逐渐成为成本管理研究的新的热门。战略成本管理是战略管理在成本控制和管理领域内的应用和进程。安索夫认为，在成本管理时不仅仅要控制成本，还要注意提升企业在市场竞争中的战略和地位。战略成本管理是基于企业的整体情况，按照企业的整体发展战略进行的。战略成本管理的主要任务就是注意成本的战略空间、进程、绩效。战略成本可以表达为"如何在不同的战略选择下组织成本管理"，即成本信息连接战略管理的整个周期，经过对整个成本构造、成本行动的全方位理解、限制和改进，寻找长期的竞争优势。它将企业的内部构造与外部环境相结合，将企业的价值链连接到企业内部的价值建造和外部价值移动的二维空间。正因如此，从企业所处的竞争环境开始，战略成本管理不只包含对企业内部价值链的解析，还包含对竞争对手的价值链和企业所在行业的价值链的解析，从而达到认识对方、了解对方、观察全局的目的，构成各种价值链战略。

战略成本解析的重要工具是价值链。[①]价值链转型的目的是从购买原料到销售产品的过程中控制所有相关环节的运营成本。也就是说，企业要想运用内部的价值链来提升成本效益，就要简化运营流程。企业也能经过强化价值链管理实现成本控制管理。此外，企业也可以解析竞争对手的价值链，建造可以使自身更具优势的价值链。

战略定位是指利用成本信息确认企业在市场环境下采用的竞争手段。战略成本管理就是要以企业战略为核心来进行工作。因此，进行适当的战略定位是

---

① 阿瑟·汤姆森，斯迪克兰德．战略管理：概念与案例［M］．北京：北京大学出版社，1998.

十分关键的。一般情况下，企业可以采用的战略包含低成本的战略、差别化的战略和集合优点的战略等。

战略成本管理的基本范围包括对产品整个经济生命周期的成本管理，它是一个全员参与、全面调动、全过程的管理。从总体上看，战略成本管理遵循的广义循环成本观符合可持续发展的原则。

以邯郸钢铁集团的战略成本管理经验为例。邯郸钢铁集团从实际出发，制定了低成本发展战略，并充分利用了战略管理会计的外向性、整体性等特性进行战略规划，通过密切关注整个市场和竞争对手的动向来发现问题，适时调整和改变自己的战略；实施有效的价值链分析法，实行"模拟市场核算"，即从产品在市场上被认可的价格开始，逐个工序剖析，使企业成本管理深入到各基本作业层，挖掘各作业层的增值能力，对不必要的和完成质量不佳的作业进行改进或否决；重视成本动因的控制，采用"总成本领先"战略推行"成本否决"制度，突出实效、落实责任。邯郸钢铁集团在激烈的市场竞争中运用战略管理成本的基本思想，制定了正确的竞争战略，保持了竞争优势，创造了我国冶金行业的一流佳绩。

当然，战略成本管理中供应链成本控制的有效实施，离不开强大信息技术的支持。随着时代的发展，信息技术的日新月异和信息系统的逐渐完善，必然会深刻改变成本控制的广度和深度，在某种程度上甚至可以说决定了成本管理的成败。企业资源计划（Enterprise Resource Planning，简称ERP）作为一种集成化的信息系统为供应链的实施提供了信息化的平台。

3.2　成本管理的内容

成本管理的内容通常包含成本预测、成本决策、成本计划、成本控制、成本核算、成本分析和成本考核等。

成本预测是指以现有条件为前提，在历史成本资料的基础上，根据未来可能发生的变化，运用科学的方法，对未来的成本水平及其发展趋势进行科学的预测。

成本决策是指在充分利用已有资料的基础上，运用定性和定量的方法，综合经济效益、质量、效率和规模等指标，针对生产经营过程中与成本相关的各个因素，确定运营过程中的最优成本管理方案。

成本计划是指在经营规划和相关成本信息的基础上，根据成本决策确立成本管理目标，通过一定的程序，运用一定的方法对计划内企业的生产耗费和成本水平存在的约束力进行成本管理。

成本控制是管理者根据预定的目标，对成本的发生和形成以及影响成本的各个因素主动进行影响或干预，使成本管理朝着预期的方向发展。

成本核算是指根据成本计算对象，按照相关法律法规和企业管理的要求，利用会计核算体系，采用适当的成本计算方法，对运营过程中实际发生的各种耗费进行收集、运算和归类，并将实现成本管理目标的总成本和单位成本告知相关人员。

成本分析是指根据成本核算提供的现实成本和其他相关信息，采用既定的方法呈现成本的变化，找到影响成本变化的各类原因，确定职责单位和职责人，并对技术顾问提出建议。

成本考核是指对成本管理的实际完成情况进行总结和评估，并根据考核结果和责任制的落实情况进行相应的奖励和惩罚，以监督和促进企业加强成本管理，提高成本管理水平。

如图3-2所示，成本管理的每项内容都有自己的基础特征，同时又相互关联、相互促进。它们将企业生产经营过程中的各个环节联系到一起，构建了现代化成本管理的架构。

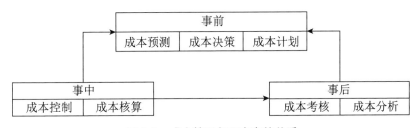

图 3-2　成本管理各项内容的关系

成本预测是成本决策的首要条件；成本决策是成本预测的成果；成本计划是成本决策确立的具体化目的；成本控制是实行成本决策的主要方式；成本分

析可以为做出准确的成本决策提供帮助；成本考核是确保成本决策有效落实的主要方式。在以上各类内容中，成本预测和成本决策是最重要的内容。因此，下面将对这两方面展开论述。

3.2.1 成本预测

3.2.1.1 成本预测的内容

3.2.1.1.1 选择方案时作为决策依据

企业在选择生产项目时，通常需要根据是否盈利、利润大小等因素确定未来进行的项目。因此，应该提前预测项目的成本。

3.2.1.1.2 编制成本计划时作为基础环节

计划是管理活动的第一步，因此编制可靠的计划对于管理活动的顺利开展具有十分重要的意义。在编制成本计划阶段，成本预测可以为企业编制恰当的成本计划提供依据。这是因为成本预测的内容主要涵盖根据企业生产与销售趋势及生产消耗水平的变化预测的成本目标，根据产量与成本之间的线性规律预测产品成本的发展趋势。

3.2.1.1.3 实施成本计划时作为保障措施

在执行成本计划的过程中，需要进行期中成本预测，即通过分析思考下一阶段生产技能和效益策略的预测成果，对下一阶段成本策略的实现可能性进行预测，进而明确目前成本与预测成本之间的差距。

3.2.1.1.4 根据测量结果预测目标固定成本和目标单位变动成本

通过对成本、效益与数量间的联系预测成本目标；通过对固定的目标成本和变动的单位目标成本的预测，以达成效益目标。

3.2.1.1.5 预测技术经济指标对单位成本的影响

以核心技术经济变化趋势对单位成本的影响为主，探索核心技术经济水平的变化与发展规律二者间的联系，并通过预测模型预测技术经济的变化对后期单位产品成本的影响。

3.2.1.2 成本预测的意义

从理论上来说，预测这门学科是从20世纪中期开始逐步发展的。长期以来，人们对预测的解释众说纷纭。有些学者认为，预测是一种预先的推测、估计和推断，即根据已知求未知；有些学者认为，探索未来、了解未来都是预测；还有学者认为，预测是根据事物过去和现在的状况科学地推断未来。当然，这几种说法不完全正确，因为预测涉及许多方面的许多问题。总的来说，预测是一种与未来和不确定性（或随机性）相联系的广义的、特殊的分析。具体来说，预测是一个解析的过程。这一过程利用信息解析明确目标，进而把控发展的规律与趋势。预测是为了做出更好的决策。

西方国家不仅重视对自然现象变化的预测，也同样重视对社会现象变化的预测。目前，国外大型企业内部都设有预测机构，主要负责预测企业的竞争力、零售价格、零售数目、发展趋势、市场潜力，以及企业的目标利润和成本水平等，其目的是从预测结果中确定企业在竞争中发展的道路。

从整个成本管理体系来看，成本预测是进行成本决策和编制成本计划的依据；成本预测是降低产品成本的重要措施；成本预测能够增强企业竞争力，提高企业经济效益。

为了明确成本计划与其执行力度，要明确降低成本的具体途径，证实与预测各类成本计划可能导致的后果。

成本预测可以为企业的发展提供强大的动力，及时发现影响成本降低的不良因素，强化企业的管理，完善企业的生产经营活动；加深员工对成本管理的认知，提高员工工作的积极性。

由此可见，成本预测具有十分重要的意义。

3.2.1.3 成本预测的原则

3.2.1.3.1 连贯性原则

连贯性原则承认事物发展具有连续性和稳定性，认为事物会按照一定的发展规律发展，遵循连贯性原则有利于预测未来成本的变化趋势。该原则着重从成本自身入手，从内因出发研究成本的发展轨迹。这种预测原则主要适用于时间序列预测。

3.2.1.3.2 结构分析原则

结构分析原则实际上是取时间序列的一个横截面进行预测的方法，该原则认为只要找出因果关系，就有可能预测事物发展变化的规律。结构分析原则主要是指截面预测，从外因角度推断成本的未来发展趋势。

3.2.1.3.3 系统性原则

系统性原则是指在进行预测时，需要将成本视作一个完整的体系，不能将它的内部因素和外部因素分裂开来。例如，找到一个企业生产经营过程中各方面因素的本质联系，分析评判这些因素之间的内在联系及其与成本的关系，并对它们的变动趋势及性质做出合理的分析和取舍，进而确定成本的发展趋势。

3.2.1.3.4 时间性原则

成本预测是一项规律性活动，预测期限的长短会对预测结果的精确性产生必然的影响。成本预测可以预测未来几个月的成本情况，也可以预测3～5年，甚至可以预测更长时间的成本情况。也就是说，成本预测既可以是短期、中期，也可以是长期的，因此需要关注成本预测的时间性原则。在具体的实践操作中，对于短期成本预测与长期成本预测的差异性运用预测模型，比直接应用预测方法更简单一些，因素的变化对其影响也较小。

3.2.1.4 成本预测的程序

3.2.1.4.1 确定预测目标，制订预测计划

只有确定预测的目标，明确并规范预测的范围，才能准确地搜集资料，选择恰当的预测方法，确定预测的时间，保证预测工作顺利进行，确保最终的预测结果符合未来发展趋势。

由于预测对象不同，预测的内容也不完全一致。但站在全局的角度来看，任何成本预测的目标都是提高企业的经济效益。

预测工作应以预测策略为基础。预测策略以机构领导、工作调度、协作机构、时间安排、搜集资料的范畴等为核心，一旦预测过程中发现新的情况与预测计划中的问题，就要对预测计划做出相应的改变。只有这样，预测工作才能顺利地进行，最终得出高质量的预测结果。

3.2.1.4.2 收集和分析预测资料

预测是围绕以前和目前的状况对未来的发展进行预测，也就是说，预测工作要在相关数据的基础上进行。成本预测的基本工作是对数据展开有效的整理与解析，根据核心标准通过多种途径收集相关历史资料和现实数据来明确预测对象与预测策略。一般情况下，可以将预测资料分成两个方面，分别是垂直资料与水平资料。垂直资料即企业的材料损耗与价格的相关资料，通过这些资料可以解析未来的成本发展态势；水平资料与企业的成本资料十分相似，通过这些资料可以比较相似项目之间的差异，并提前做出预测。需要注意的是，进行分析前需要对这些资料进行鉴别和取舍，无意义的和虚假的资料会对预测工作的质量造成影响，因此对所收集的资料进行细致的检查和整理是很有必要的。具体包括各项指标的口径、单位、价格等是否一致；核算、汇集的时间资料是否完整，如有残缺，应采用查阅、换算、估算等方法进行补充；是否有可比性或重复的资料，做到去伪存真，以保证预测资料的完整性、连续性和真实性。

3.2.1.4.3 提出假设，建立模型进行预测

成本预测需要以数字语言为基础，也就是说，需要引入适当的数学模型进行预测活动。首先，建立成本预测的数学模型，也就是用数学方程式表示成本与各个影响因素或相关事件之间的数量依存关系；其次，利用收集到的有关资料，对公式中的参数率提前进行计算；最终，在进行预测解析时要参照计算得出的参数率。在此过程中，需要高度关注数学模型的假设情况。因为预测的成果与实际情况会存在一些误差，所以需要对数学模型进行长期的检验，及时更正预测结果，尽可能地减小误差。

3.2.1.4.4 分析预测误差，修正预测结果

在预测时，对可能出现的偏差进行查验，提前判断偏差的大小有利于提升预测的精确率。一旦出现较大的偏差，就应当分析偏差出现的原因，吸取经验和教训。在误差较大的情况下，还应当变更假设、完善模型，改进预测方法。只有及时修正预测过程，才能使结果更加接近实际数据。提高预测精确度的方法为定量与定性有机结合。

3.2.2　成本决策

3.2.2.1　成本决策概述

3.2.2.1.1　决策的分类

决策是指根据固定的对象，使用有关的决策理念、方法与资料，判断与选取两个或两个以上的行动策略，并最终做出行动规划的活动。决策正确与否，直接影响着企业的生存与发展。著名的经济管理学家赫尔伯特·西蒙（Herbert Simon）在揭露管理的实质时表明，决策是管理的核心，管理是由许多决策联合形成的。划分决策分类的角度和标准有很多，从成本管理出发，主要有以下五种。

（1）按重要性分类

根据重要程度，决策可分为战略决策、管理决策和业务决策。

①战略决策是指关系到企业生存和发展的长期性、全局性、方向性的决策。

②管理决策是指为了实现企业总体战略目标，针对职能活动的局部性决策。

③业务决策是指围绕战略管理，针对日常业务的决策。

（2）按决策者的管理层次分类

根据决策者的管理层次，决策可分为高层决策、中层决策、基层决策。

①高层决策是指由企业高层管理者做出的决策，通常涉及战略性、全局性的重大问题。

②中层决策是指由企业中层管理者做出的决策，通常涉及某个职能部门的局部问题。

③基层决策是指由企业基层组织做出的决策，通常针对某项具体业务或作业的具体问题。

（3）按时间跨度分类

根据时间跨度，决策可以分为短期决策和长期决策。

①短期决策是指在一个经营年度或一个经营周期内的决策，主要包括生产决策、成本决策、定价决策、采购决策等。其特点为资金投入少，见效快。

②长期决策是指超过一个经营年度或一个经营周期的决策，主要包括资本预算决策。其特点为资金投入多，见效慢，对企业影响重大。

（4）按问题发生的频率分类

根据问题发生的频率，决策可分为程序化决策和非程序化决策。

①程序化决策是指针对常规的、反复发生的问题做出的决策。

②非程序化决策是指针对偶然发生的或首次出现而又较为重要的问题做出的决策。

（5）按条件进行分类

根据条件，可以将决策分为确定型决策、风险型决策和不确定型决策。

①确定型决策是指在备选方案中只有一种自然状态的决策。

②风险型决策是指在备选方案中存在两种或两种以上的自然状态，且每种自然状态发生的概率都可以被预测的决策。

③不确定型决策是指备选方案中存在两种或两种以上的自然状态，且每种自然状态发生的概率无法估计的决策。

3.2.2.1.2 成本决策的概念

成本决策是指在充分利用现有资料的基础上，针对运营过程中与成本相关问题的各个方案，运用定性和定量的方法，综合经济效益、质量效率和规模等指标，确定最恰当的成本管理行为。

成本决策是成本管理的核心环节，只有减少生产经营中的各项损耗，才能提升经济效益，最大限度地实现企业的目标价值。

成本决策在成本管理的许多方面都发挥着主导作用，与成本管理的其他方面具有非常紧密的联系。成本决策的先决条件是成本预测，成本决策的成果是对成本管理的结果进行评价。

成本决策关系到成本管理中的各个方面，包括产品设计时期的成本决策、制作工艺的成本决策、生产过程中的成本决策和原材料购买的成本决策等。这些决策能够促进企业成本的减少。

3.2.2.2 成本决策的意义

3.2.2.2.1 成本决策是企业管理系统中十分关键的构成因素

围绕着企业最高价值标准而做出的相应选择与决策的系统就是企业管理系统。企业价值监管的关键因素不仅包括利润增长，还包括成本减少。恰当的成本决策不仅可以减少企业的成本，还能够有效地避免因决策失误导致的损耗。由此可见，成本决策既能使企业得到既定的经济效益，又能保证企业实现财务管理目标。因此，成本决策在企业管理系统中占据着十分重要的位置。

3.2.2.2.2 成本决策是成本管理的核心环节

成本决策在成本计划、成本约束、成本分析、成本评价和成本调查中起着重要的作用。在成本决策的基础上，制订成本计划可以帮助协调成本管理的各个方面。只有围绕成本决策进行成本管理，才能明确管理目标，保证管理的有效实施；只有围绕成本决策进行成本分析和调查，才能保证成本管理的适当性和合理性。由此可见，成本决策是成本管理的核心环节。

3.2.2.3 成本决策的相关概念

成本决策中会涉及许多概念，只有明确并理解这些概念，才能做出合理、恰当的成本决策。成本决策的相关概念如图3-3所示。

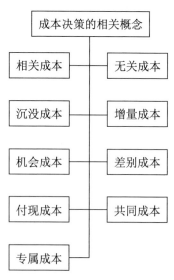

图 3-3　成本的相关概念

3.2.2.3.1 相关成本

相关成本即在决策的过程中必须全面考虑的成本。一般情况下，相关成本会给成本决策带来极大的影响。

3.2.2.3.2 无关成本

无关成本即不需要在决策的过程中进行全面考虑的成本。通常情况下，无关成本对成本决策的影响较小。

3.2.2.3.3 沉没成本

沉没成本是指过去的成本决策造成的实际成本。需要注意的是，沉没成本是无法回收的成本。

3.2.2.3.4 增量成本

增量成本即某一特定成本决策引起的成本变化。

【例3-1】

甲企业引进了一批设备，并设立了专门的车间，但是其工作量却无法满足。而乙企业的工作量已经接近饱和，因此乙企业希望与甲企业合作，为甲企业介绍产品和订单。然而，乙企业提出的价格是甲企业进行成本处理的85%。在不合作的情况下，甲企业的加工成本为300元，其中，变动成本100元，固定成本200元。那么甲企业是否能够接受此方式？

【解析】

如果甲企业接受乙企业的请求，即收费标准为255元。甲企业每加工乙企业介绍的一个产品都需要付出增量成本，即100元的变动成本。也就是说，甲企业每加工一个产品可得到的利润为155元。

3.2.2.3.5 机会成本

经济学将机会成本定义为从事某类选择需要摒弃的有意义的替换选择，而管理学一般认为机会成本是方案可得的利益。虽然两种定义的侧重点不同，但含义基本相同。机会成本不是指实际的支出或耗费，而是表述稀缺与选取的基本关联性。机会成本是一种隐匿成本，不需要体现在财务报告中。需要注意的是，企业一旦做出决策，就会产生机会成本。因此，企业在决策时一定要考虑机会成本。具体方案是机会成本的基础，如果脱离具体方案就无法确定机会成本。机会成本的决策性表现在它能够为方案提供帮助，确保已有资源得到有效的运用。

【例3-2】

某企业有一台生产设备，且该企业可以将设备租给另一家工厂收取租金，在该企业选择使这台设备长期为本企业生产，而不将其出租给工厂的情况下，该企业失去的租金收入就是这台设备的机会成本。

【例3-3】

某个企业仅能生产A或B中的一个产品，产品A的预期效益为4 000元，而B产品的预期效益仅有3 000元，那么生产产品A的机会成本就是3 000元。也就是说，放弃生产产品B所造成的损失就是机会成本。站在另一个角度来讲，决定生产B产品时的机会成本为4 000元，即机会成本为放弃生产产品A所造成的损失。

3.2.2.3.6 差别成本

广义的差别成本是指两个不同成本方案的预算成本的差异额。狭义的差别成本是指由于生产水平程度不同（增减产量）造成的成本差异额，即因在原来基础上追加产量所增加的成本数额。

3.2.2.3.7 付现成本

付现成本是在未来需要通过现金支付的成本。现在或未来的任何决策都会对付现成本造成影响。因此，付现成本是做出决策时必须考虑的重要影响因素。

【例3-4】

某企业计划生产A产品，现有甲设备一台，原始价值55 000元，已提折旧40 000元，折余净值15 000元。生产产品时，企业还需对甲设备进行技术改造，因此须追加支出10 000元。与此同时，市场上有正在出售的乙设备，其性能与改造后的甲设备相同，售价为20 000元。

【解析】

在这个例子中，10 000元的甲设备追加支出与20 000元的乙设备购买支出是不同成本方案中的付现成本。

3.2.2.3.8 共同成本

共同成本即在决策时不会考虑多个方案分担的固定成本，因为共同成本一定会发生，与成本策略没有关系。例如，企业计提折旧费及发生的管理人员工资等都属于共同成本。

3.2.2.3.9 专属成本

专属成本，又称"特定成本"，即能够明确归属于特定备选方案或为企业设置某个部门而发生的固定成本。如果特定备选方案或部门不存在，也就不会出现专属成本。可以说，专属成本是与特定的方案或部门相联系的特定成本，因此在进行成本决策时必须考虑专属成本。制造零部件时追加的专用工具支出等就属于专属成本。

3.2.2.4 成本决策的程序及原则

3.2.2.4.1 成本决策的程序

对于成本决策的程序存在多种论述，但每种论述几乎都涉及了几个基本问题。整体而言，根据成本管理的特质，成本决策的程序可以分为五步，如图3-4所示。

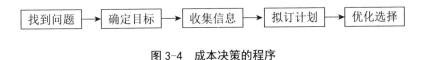

图 3-4 成本决策的程序

（1）找到问题

成本决策涉及工艺、价格、耗费、产量等多方面的问题，决策时应该首先明确需要解决的具体问题，并充分认识该问题对成本管理乃至整个企业管理的重要性。

（2）确定目标

这里所说的目标是指在一定环境和条件下，决策者在解决问题的过程中期望达到的结果。成本决策的总体目标是最合理、最有效、最充分地利用资源，用最低的成本支出实现最高的经济效益与社会效益。例如，在确定的固定成本情况下，需要生产多少产品才不会发生亏损；在生产的产量方面，将生产分为几批可以获得最大的效益等。此外，还要注意目标的协调性。在很多情况下，企业面临的是多目标决策，因此只有协调好各目标之间的关系，才能保证目标的有效性。进行成本决策时还要考虑目标的可操作性。因此，成本决策目标必须具有有效性和可操作性，既要参考历史成本费用标准，又要预测成本费用结构和标准可能发生的变化。除此之外，还要注意目标与实现手段的统一性。

（3）收集信息

成本决策应具有广泛性，因此在进行成本决策时，除了要收集成本资料外，还要收集其他与成本决策相关的资料。只有收集到准确、可靠的信息，才能保证做出的成本决策合理、正确。由此可见，成本决策与信息具有紧密的联系。

（4）拟订计划

在拟订计划时，必须保证计划能够实现成本决策目标，且具备实施条件。因此，在拟订计划时，一方面要保证计划全面、完整，另一方面要尽量使不同计划互斥。

（5）优化选择

成本决策必须按照既定标准筛选，进行谨慎的对比和分析后才能确定。需要注意的是，在进行优化选择时，一定要选用合理的筛选标准。

3.2.2.4.2 成本决策的原则

成本决策遵循原则制定，能够增加成本决策的可行性。一般来说，进行成本决策时应遵循以下几个原则。

（1）效益大于成本原则

如果方案中的成本和利润已经明确，必须选择净收益大于零的方案。

（2）边际效益最大化原则

如果利润和成本无法确定，就要将边际效益与边际成本进行比较，遵循边际效益最大化原则。

（3）成本最小化原则

如果方案无法确定未来的收益，应当以提前设定好的目标为标准，选择资本投入最少的方案，即遵循成本最小化原则。

3.2.2.5　成本决策的方法

做出成本决策的方法有很多，企业应当围绕成本决策的内容与目标选择适合自身情况的成本决策方法。在众多成本决策方法中，最常用的是本量利分析法。

3.2.2.5.1　本量利分析法的基本含义

本量利分析法是指通过分析成本、业务量、利润这三个不断变化的数据的内在关系，明确亏损的临界点（即保本点），从而为成本决策提供必要的财务信息，最终选择利润最大化的方案。本量利分析法，又称"保本分析法""盈亏平衡分析法"，其示意图如图3-5所示。采用这种方法可以在确保效益和成本的前提下，预测企业产品的销售数量和额度，还可以将其他企业化解相似危机时所采取的方法相融合，确保企业实现目标。本量利分析法有利于企业做出多方面的决策，是编制全面预算和控制成本的基础。

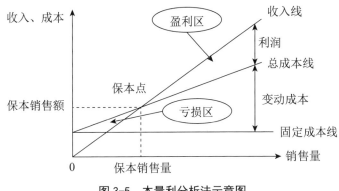

图 3-5　本量利分析法示意图

3.2.2.5.2　本量利分析法的基本假设

本量利分析法的基本假设是指运用本量利分析法的基本前提条件，共分为以下四点。

（1）按照形态将成本分成变动成本与固定成本

这种分类是在规定的业务范围内进行计算与分析的结果。在运用本量利分析法时，无论企业的业务范围如何变化，成本都可根据成本形态划分为变动成本与固定成本两大类。

（2）相关范围及线性假定

在规定的时间内，对成本效益的数量进行分析，其数量的变化始终不超过单位成本水平与固定成本的范畴。只有这样做才能保证总成本与单位变化成本在固定范围内的稳固性，成本函数只代表一个线性等式，一定范围内的单价不会跟随销量的变化而变化，并且销量所得也可以通过线性等式表现出来。

在目前的经济活动中，成本函数与收益函数的联系呈曲线形式。通常情况下，固定成本会循序渐进地发生变化，单位成本也会在运行模式与生产速度的作用下呈现曲线发展的态势。在市场经济环境下，单价不可能永远不变，收入线也不可能一直直线增长，但这些与本量利分析法并无任何冲突。因为经济学家描述的是在相当长的时期内成本和收入的变动情况，而管理会计学家描述的则是较短时期内成本和收入的变动情况。

（3）目标收益假定

本量利分析法有一个核心标准，即收益。能够表达收益的指数非常多，如销售的营业额、净收入与效益总额等。在本量利分析中，假定的目标收益可以作为收益的指标。

（4）产销平衡与品种结构稳定不变假定

运用成本效益的方式进行分析，如果企业生产的产品在市场上一直畅销，那么生产与销售二者就可以协调发展。此外，在不同生产标准下，运用价值的方式来表达生产与销售的整体数目有所改变时，每种商品的营业额在全部商品的营业额中所占的比例没有发生变化。

上述内容是就企业的财务活动展开的一些有关分析成本效益数量的假设，有助于揭示成本、销量及利润三者之间的内在关系。但是企业现实的生产经营活动往往不局限于上述假设条件。因此，我们在具体运用本量利分析时，切忌盲目套搬滥用，而应该结合企业自身的实际情况，对本量利基本模型进行必要的修正后再加以运用，从而保证决策的合理性。

3.2.2.5.3 成本、销量和利润的关系

计算盈亏的基本方程公式揭示了成本、销量和利润之间的关系。使用此方式计算效益时，首先要明确固定时间内的效益，其次要明确与效益相关的成本。固定时间内的利润是指固定时间内的效益和与效益相关成本之间的差额，

即：

$$利润＝贩售收入－总成本 \tag{3-1}$$

$$总成本＝变动成本＋固定成本$$

$$＝单位变动成本×产量＋固定成本 \tag{3-2}$$

$$贩售收入＝单价×销量 \tag{3-3}$$

假设产量与销量相同，则有：

$$利润＝单价×销量－单位变动成本×销量－固定成本 \tag{3-4}$$

以上方程式表达了成本效益与数量之间的定量关系。

在策划效益目标时，通常情况下会将单价、单位变动成本和固定成本当作定量，而实际上，利润与销量是两个变量。在确定了销售数量后，可以运用等式计算出预测效益；在制定效益目标时，可以直接计算出预期达到的销售额。总的来说，成本、销量和利润的关系可以用以下公式说明：

$$销量＝固定成本＋利润 \tag{3-5}$$

3.2.2.6 生产组织中的成本决策

生产组织中的成本决策涉及多个方面，如图3-6所示。

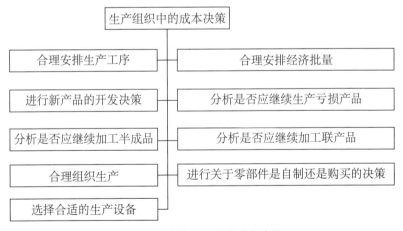

图 3-6　生产组织中的成本决策

3.2.2.6.1 生产工序的合理安排

在生产组织阶段，成本决策主要包括对生产工序和生产产量的合理安排。

对于多工序的生产作业而言，科学合理地安排工序是缩短生产时间、减少成本的有效手段。运用互联网技术编写、规范、制定与协调工程规划的管理方式为计划评审法。这是一种常见的可以合理预测生产工序的方法。它的根本原则是将工程项目当作一个整体，按照项目内的工序与彼此之间的联系进行构造。它主要采用互联网的方式进行长期规划和决策，根据紧急程度有效地组织和利用物力、人力与财力，在短期内完成对工程项目全面的预测。这种预测方法能够将项目中各项工序的联系与规律展现出来，进而突出工序对于项目全方位的影响和作用，使管理更加便捷。这一方法可以依据客观环境的改变，进一步对规划进行整顿与控制。这种方法对于计算机资源的合理配置十分有效。优化解析工序与成本，非常适用于一次性的生产管理和大型工程，如大规模的土地建设工程、大规模的机械建造与船舶建造、大规模的科研项目、较为关键的新产品的试验与制作以及重大的维修项目等。

1958年，美国海军特种计划局在制造舰载"北极星"导弹时，提出了计划评审法，大幅度提高了烦琐项目的工程管理效率，使该项目得以提前两年完成。计划评审法的基本要点是首先运用网络图的方式展示各个生产工序以及其内在的逻辑联系；其次找到关键路径和确定完成整个生产作业或项目开发的最短时间；最后根据分析和管理要求合理地安排所有工序，以最低的成本、最短的时间实现目标。

在此过程中，美国的杜邦公司等企业也研发了一种能够进行进度管理与编制计划的新的方式，即关键路径法。此方法与计划评审法的根本理论依据大体相同，它们最大的不同之处在于，二者运用不同的方法预测工作所需的时间。关键路径法主要通过历史数据来确定作业的时间，关注成本控制；而计划评审法主要应用于缺少实际经验的工程项目中，普遍采用统计方法来确定作业时间，强调时间控制。

20世纪60年代初期，我国数学家华罗庚对上述两种方法进行整理和研究后将其命名为"统筹法"推广开来，统筹法在我国得到了广泛的运用。

3.2.2.6.2 生产批量的合理安排

对产品生产来说，并不是生产批量越大越好，必须确定合适的经济产量。企业在存货上所花的费用包括两大部分：一是采购或生产调整成本；二是存储成本。经济产量即企业最小额的生产批次或用作库存的每笔订单。也就是说，最优的生产产量应该是采购或生产调整成本与存储成本总和最低时的生产产量。

采购或生产调整成本与存储成本两者是相互冲突的。采购或生产调整成本即为每批产品生产开始前进行准备工作而发生的成本。由于采购或生产调整成本与采购或生产调整的发生次数相关，单次采购或生产的批量越大，进行采购或生产调整的次数就越少，相关成本也就越低。而存储成本即为储存零部件及产品而发生的仓库及其设备的折旧费、保险费、维修费等费用的总和，采购或生产的批量越大，日常的存储数目也会较为庞大，存储的成本也会随之增长。在明确大批量的经济生产后，对于采购或生产调整成本和存储成本，要集中思考如何运用科学的办法来降低总成本。

总成本即指采购、生产整顿以及其他与存储活动有关的成本。与大批量经济生产无关的其他成本，如固定存储成本、材料的采购价格及产品的生产成本等，进行生产批量的安排时可以不考虑在内。

3.2.2.6.3 新产品的开发决策分析

新产品，是指在结构、功能或形态上发生改变，并最终面向市场进行出售的产品。在现代市场经济中，技术日新月异，新产品层出不穷，所有企业都面临着技术革新的挑战。因此，不断开发新产品、进行老产品的迭代更新，是企业进行生存和发展、争取市场主动权的重要策略之一。

研究和创造新产品，即运用企业目前剩余的生产力或旧产品脱销后的生产力进行新产品的研究与开发的策略。新产品的开发决策有两种情况：一种是需要增加固定成本，主要是指由于增添新设备而增加的折旧费等费用；另一种是不需要增加固定成本，主要是指利用原有剩余生产能力，不需增添新设备。

3.2.2.6.4 亏损产品是否应该停产的决策分析

企业在生产经营中经常会面临亏损产品是否应该停产的决策问题。管理人员一般认为，长期亏损的产品应该停产或转产。造成产品亏损的原因是多方面的，可能是质量较差、款式陈旧；也可能是市场供过于求、缺乏销路，或价格缺乏竞争力。产品亏损往往会引起连锁反应，卖得越多，亏得越大；或仓库积压，卖不出去，使企业陷于困境。因此，对亏损产品进行停产或转产也有一定的道理。但从成本决策的角度看，亏损产品是否应该停产不能一概而论。

根据产品的亏损情况，可以将亏损产品分成两大类。一类是真正亏损产品，即销售收益比固定成本少。生产的产品种类越繁多，造成的损失也就越大，因此务必停止生产。然而，产品如果与国民经济相关，是人们的生活必需品，就应当优先考虑亏损产品的社会效益，即使造成损失也要继续生产。另一类是不真正亏损产品，即销售收益高于固定成本，这种亏损产品仍然要持续生产，因为这些产品承担着企业的固定成本。如果因为亏损停产，那么由亏损产品承担的部分固定成本就要由利润产品承担，这会增加利润产品的成本，降低企业的经济效益。所以，部分亏损产品对企业依然有所裨益，所以要根据不同的情况选择是否停产。此外，在决策分析的过程中也要运用差别亏损分析的方法。

3.2.2.6.5 半成品是否进一步加工的决策分析

在部分生产加工链较长的工业企业中，作为中间产品的半成品，既可直接出售，又可继续加工为产成品出售。因此，企业需要决策半成品是继续加工还是出售的问题，这一决策取决于价格和成本两个因素。产成品的售价比半成品高，但进一步加工可能会导致固定成本增加。决策半成品是否应进一步加工时，要考虑进一步加工需投入的成本，如果售价大于成本，就要选择恰当的方案进行进一步加工；反之，如果售价小于成本，就需要将半成品进行直接销售。在不增加新设备的情况下，继续加工半成品，在计算时无须考虑固定成本。比较贩售收入与变动成本的边际收益差，对半成品的投入和产出与成品数量间的联系予以高度的重视，并在此基础上结合企业目前深加工的水平挑选合适的进一步加工的方案。

3.2.2.6.6 联产品是否进一步加工的决策分析

许多企业在同一生产过程中可以产出多种产品，这些利用同一材料、经过同一个加工过程生产出来的产品被称为"联产品"。例如，石油精炼工业的汽油、煤油、轻油、润滑油、重油等产品即为联产品。联产品的生产主要采取连续生产的形式，这一方面与同一工序中的等级品生产或组别生产的差异不大。二者的差异是在生产技术上，联产品必然会同时生产出来，各种产品的产出比例不能由企业主观地加以改变；而在等级品生产或组别生产中，企业可自由地按照自己的意愿改变其产出比例。

通常联产品产出结构比较稳定，企业生产的联产品既可在分离后出售，也可以在进一步加工后出售，这时需要企业遵循经济效益的原则，对两种售出方式做出决策。联产品决策的目的在于尽可能增加企业的利润。

将联产品分离之前的成本称为"联合成本"；已经将联产品分离，并继续加工的成本称为"可分离成本"。需要注意的是，企业在做出联产品是否进一步加工的决策的过程中，只需考虑长期总成本，而无须考虑联合成本。

3.2.2.6.7 合理组织生产的决策分析

许多产品由于受到原材料供应、设施水平、水电供应、加工水平和市场销售等条件的制约，企业不可能将自身能够生产的所有产品都大批量生产。

如何运用有限的生产资源，合理分配到各个产品中，以获取更多的经济效益，是当前组织生产需要解决的问题。最优产品组合决策一般采用线性规划的方法，即在满足一定的约束条件下，使目标函数最优化的一种数学模型。具体来说，就是以现有的生产要素为约束条件，确定产品盈利能力最大的生产产品组合。

3.2.2.6.8 零部件自制或外购的决策分析

专业化生产和分工协作，是现代工业发展的总趋势。企业专业化程度越高，产品就越能推陈出新。产品品种越多，质量越好，劳动生产率越高，成本也就越低，市场竞争能力就越强。传统的"小而全""大而全""万事不求人"的封闭式生产方式无法满足企业扩大生产经营的需要。随着现代企业制度的建立、企业专业化程度的提高和分工协作关系的发展，今后对于零部件进行自制或外购哪种方式更有利，是企业需要解决的问题之一。当企业面临这个问题时，就要用经济的观点对零部件自制或外购进行决策，即零部件取得方式决策。

零部件取得方式决策的目的在于降低零部件取得成本，以便使企业获得更大的利润。自制零部件时，如果不需要增添设备，那么在决策时只需要考虑变动成本，而不必考虑固定成本。固定成本属于沉没成本，与决策无关，只需比较两个不同方案的相关成本即可，因为即便零部件外购，固定成本同样要发生。自制零部件时，如果需要增添新的设备，就要考虑新增加的固定成本，即专项固定成本（折旧费等）。在零部件外购时，其成本应包括买价和包装、运输、装卸、保险等采购费用。如果存在机会成本，在决策时也应一并加以考虑。零部件取得方式决策一般采用差量分析法。由于自制或外购的预期收入是相同的，因此在差量分析时，不需要计算差量收入，只计算差量成本，即可确定哪个方案最优。

企业有可发掘的生产潜力，或原有生产设备尚可利用，不需要增添新的设备，原有固定成本不会因为自制零部件而增加或减少。在这种情况下，决策时可以不考虑固定成本因素，只用变动成本进行差量成本分析，以成本最低方案作为优选方案。如果企业采取自制零部件方案需增添某种专项设备时，就要将专项设备的固定成本计入自制零部件的成本中，在决策时可运用本量利分析法进行分析。

3.2.2.6.9 生产设备选择中的成本决策

企业生产设备的选择需要考虑多种因素，除了技术、质量、能力、性能等要求外，还要从成本上进行分析，决定采用哪种设备能够在保证产品质量、性能等的前提下，使用生产设备的成本最低，这也是生产设备决策的基本要求。通常购置一般的设备，投资比较少，但生产率比较低，加工费可能比较高；而购置先进的设备，投资较大，但生产率较高，加工费比较低，如果生产规模不是很大，无法充分调动生产力，总成本也会较高。所以，必须根据不同的生产规模选择最恰当的生产设备进行生产，以使产品的制造成本达到最低。

3.3 成本管理的基础工作

成本管理为企业各方面的管理工作提供资料的行为准则、基础方式和保障条件，是企业开展生产经营活动前不可或缺的预先准备工作。企业应建立健全成本相关原始记录制度，加强和完善成本数据收集、记录、传输、汇总和整理流程，从而确定成本基础信息记录的完整性。

完整的成本管理基础工作是建设现代化生产和进行成本管理的根本，成本管理是企业管理的根本工作，而企业管理根本工作的质量决定了企业成本水准和经济效益。正因如此，建设现代化成本管理体系，需要注重和改善成本管理的基础工作。

3.3.1 成本管理基础工作的要求

为了改进成本管理的基础工作，通常需要做到以下几个方面。

3.3.1.1 规则化

成本管理的每项工作都应该明确自己的岗位职责，每项工作都应该制定业务标准化程序并且实行定量考核。一般情况下，企业需要编写和制作流程图，需要规定业务体系信息和连接各环节的工作内容和流程图，以规范管理职责范围，使业务内容更加清晰。

3.3.1.2 标准化

技术的品质和生产过程中的测量都需严格按照技术标准执行；所有的劳动损耗都应有完整的定额和规划价格表；成本核对和管理业务应该参照流程图来制订工作标准，以使整个管理体系的工作更加规范和协调。

3.3.1.3 联合化

将各类报表、账目和原有记录的形式和内容结合起来，按照当前企业的生产组织、产品构成和核对制度，通过结合分类和编码，设计出一整套联合的核算报表。

3.3.1.4 程序化

数据的收集、整理、传递都应设置统一的程序和时间，成本管理必须由专人负责，以便管理工作更加有秩序。

3.3.2 成本管理基础工作的内容

成本管理的基础工作主要包括标准化工作、制定额度工作、计量工作、信息工作、规章制度和员工教育。标准化工作是一项综合型的基础工作，对成本管理力度的增强和经济效益的提高有非常重要的意义。制定额度工作是企业为了规范利用人力、物力和财力资源而设定的量化标准。如果定额管理不完善，成本就会难以控制。此外，计量工作也非常重要，如果测量仪器不准确或者检测的方式不完整，会直接影响成本预算结果的准确性。拥有准确的信息是现代化成本管理的首要条件，规章制度和员工教育的实行对于强化成本核对、限制和评估成本职责也是十分重要的。

3.3.2.1 标准化工作

标准化是一项综合性的基本工作，包含技术标准和管理标准的制订、实行和管控。技术标准是生产过程需要遵守的标准，生产的情况、方法、包装、存储和运送管理等管理标准有利于企业对生产经营各个环节的工作进行管控。标准化是提升经济效益的技术手段，对强化成本管理、提升经济效益有着非常关键的作用。

3.3.2.2 制定额度工作

制定额度是按照企业规定的损耗标准和使用标准，要求企业在限定的生产和技术条件下利用人力、物力和财力。制定额度是制订计划的基础，是科学组织生产经营活动的方式，是实施成本核对、提升经济效益的有效工具。制定额度的主要途径包括劳动定额（托管定额、工时定额、产量定额）、各类材料损耗定额和储存定额、设备定额（单位产品定额、单位时间产量定额、设备运用率定额）、期量标准定额（生产时间间隔定额、投入产出交货时间定额、生产周期定额、正在制造产品的定额）、流动性指标定额（库存定额）、管理定额（项目管控费用定额）。强化定额管理，就是建立健全完备的、领先的定额系统，这就要求具有足够的经济技术基础，采取科学的方式制定额度规则，并根据企业生产技术条件的变化每年修改一次额度指标。

3.3.2.3 计量工作

计量工作是指测试、检验和实验室分析中的测量技术和测量管理。原始记录中体现出来的数和量，都是经过测量和其他方法获取的数据。如果没有完善的计量工作，就不会有可信的原始记录，也就无法获取准确的成本管理核算资本，更无法明确成本管理的职责。正因如此，企业必须在供应、生产和销售的各个环节使用准确的计量工具。做好从原材料、燃料等材料进入工厂，到生产的流程，再到产品出厂的计量工作，建立健全计量管理系统，配置专业人员，提升计量的工作水准。

3.3.2.4 信息工作

信息的载体通常包含原始的记录、数据、报告、图纸、密码等。企业在进行生产和经营决策的时候需要强化数据收集、处理、传输和存储等信息管理工作。科学的信息体系由原始记录、统计分析、经济和技术信息以及科学档案等构成。准确的信息是现代化成本管理的首要条件。原始记录是企业生产技术和经济活动情形的最初记载。例如，检查回收入库单、限额领料单、补料单、退库单考勤记录、工时统计表、工作票、废品单等。原始记录是建立各种台账和进行统计分析的依据，统计分析是管理现代企业必不可少的手段。原始记录和统计分析可以准确、及时、全方位地表现出企业的生产经营状况。

3.3.2.5 规章制度

建设完善的规章制度是成本管理中一项十分重要的基础工作。企业建设的规章制度主要分为以下三个内容：一是基础规则，如企业内的领导制度等；二是工作规则，如相关规划、生产、技术、人力、物力、销售、人事、财务管控、成本管理等方面的工作规定；三是职责规则，主要依靠现代化大型生产的分工和合作的需要制定，具体规定企业中各个成员的任务、职责和权力。企业中有许多规章制度，其中最根本的是岗位职责。岗位职责包含员工岗位职责和干部岗位职责。岗位职责的健全和完善，需要从企业的现实情况出发，根据调查和探究制订计划，开展实验工作。规章制度必须简单、准确、通俗易懂、方便实行、避免烦琐，在全方位推行过程中，要及时总结经验并不断完善。

3.3.2.6 员工教育

企业中的每项任务都需要依靠人来完成。正因如此，提升员工的素质是成本管理中一项十分重要的工作。企业要定时对员工进行职业技能教育和职业道德教育，引导和保障员工出色地完成企业任务，全面提升企业的经济效益。

3.4 成本管理的体系

3.4.1 国家宏观成本管理体系

在社会主义市场经济环境下，国家对企业主要实行间接管理。在成本管理方面，通常通过制定成本相关的法律法规来对企业实行宏观成本管理。因为国家宏观成本管理体系的内容繁多，且分散在各类法律法规中，对于建设一致的成本管理系统带来一定的不利影响。正因如此，在建设宏观成本管理体系时，相关制订主体之间应相互协调和配合，以使我国宏观成本管理体系更加科学严谨。我国宏观成本管理体系包含以下内容。

3.4.1.1 《中华人民共和国会计法》

《中华人民共和国会计法》中有关成本管理的规则是其他成本法规、制度等的制定依据。按照其他相关法规、制度等的规定进行成本筹集的时候，应该遵守《中华人民共和国会计法》的相关条例。

3.4.1.2 《企业会计准则》和《企业财务通则》

《企业会计准则》《企业财务通则》（以下简称"两准则"）是制定成本管理规则的指引。企业在制定成本管理规则的时候，需要遵守"两准则"的相关规定。

3.4.1.3 各类会计标准和会计规则

各类会计标准和会计规则是成本管理系统中的具体操作规定。根据这些规定，可以制定成本管理的具体操作规定、程序和方式，并作为相应的财务解决和成本核对的依据。企业应该按照详细的会计标准设计成本管理体系，尤其是详细的操作体系。只有这样，成本管理系统输出的成本信息才能更真实、拥有可比性。如果企业不按照会计标准和会计规则的一致要求管理成本，将不可避免地影响成本指数的真实性和可信性。

3.4.1.4 各类税收法律法规

在制定成本管理规则制度的时候，企业还需要注意国家和地方政府制定的各类税收法律法规。税收法律法规的相关规定对企业成本管理也有着非常重要的影响。例如，企业中的哪些支出属于收入支出、哪些支出属于成本费用等。由于税种比较多，不同的税种在企业中有不同的列支渠道。

3.4.1.5 其他相关的法律政策

除《中华人民共和国会计法》外，还有其他一些相关法律政策会对企业成本管理规则产生直接影响。国家的相关部门按照经济建设和发展的现实情形制定了相关的法律政策，这些法律政策的调整范围非常广泛，涉及成本管理。

3.4.2 企业内部成本管理体系

成本管理的关键在于企业的内部，所以企业的内部成本管理体系是否完善，直接影响到成本管理系统是否可以真正发挥作用，是否能够实现成本管理的目标。一般来说，企业的内部成本管理体系应该包含以下几个方面。

3.4.2.1 成本管理制度

企业需要按照国家相关部门颁发的相关法律法规等内容，综合企业的实际情况，制定适用于企业自身的成本管理制度，并在企业内部网发表或采用其他方式发表，要求相关部门和员工遵守系统成本管理制度。

3.4.2.2 成本核算制度

企业应该按照生产的特性和管理的需要，制定合理的企业成本核算制度，其中要包括成本和成本核算的基础工作、成本核算方法、成本核算程序、成本分配方法等。成本核算制度有利于企业计算出产品的总成本、单位成本和周期成本，能够为企业的利润和成本预测需要提供成本费用等信息。

3.4.2.3 成本费用的职责制度

在现代化企业成本管理体系中，职责制度具有十分重要的作用。企业除了应制定针对企业内部经济效益的制度之外，还应该制定更详细的职责制度。

3.4.2.4 成本费用的评估系统

评估系统是建设成本管理体系的重要组成部分。企业应该通过各种指标评估每个职责单位的成本和费用的实际情况，评估每个责任单位的绩效。成本和费用的评估系统与成本费用的职责息息相关。也就是说，将每个责任单位的现实完成指数与它的职责指数进行比较，并评估每个责任指数的完成情形。

3.4.2.5 成本管理的分析评估系统

为了充分发挥成本管理体系的作用，审核成本管理体系运行的成果，需要对成本管理体系运行的成果进行分析，并对成本管理体系的优缺点进行评估。为了方便评估，我们可以制定评估指数或标准，如计算产量数值成本率、成本收益率、主要产品的单位成本、所有产品的总成本，以及可比产品的成本减少率等指数。根据这些指标，我们可以对成本管理体系进行评估，找出成本管理体系中的问题和不足，并提出处理方案和解决办法，使成本管理体制逐渐完善。

3.4.3 社会主义市场经济条件下完善成本管理体系的措施

成本管理体系的完善是一项比较烦琐的系统性工程。在社会主义市场经济条件下，成本管理体系的外部与内部发生着日新月异的变化，成本管理体系的完善面临着重重困难。如果企业想要在市场经济中占领一席之地，就应该顺应这种变化，随时调整改变自己的管理方式。

在进行成本管理系统设计时，应充分考虑各种可能的情形，制定相应的预案。在实践操作中，成本管理系统可能会遭遇到各种类型的问题，此时，应充分了解问题关键所在，随时对成本管理体系进行相应的调整。此外，建设成本管理体系的保护机制具有十分重要的意义。成本管理系统的完善主要从以下几个方面来进行。

3.4.3.1 进行更加深入的现实调查探究

由于有一些成本管理工作都是由基层完成的，很有必要深入一线及时了解成本管理体系的运作是否流畅和存在哪些问题。因此，成本管理体系的管理部门和管理人员应常深入基层进行现实调查探究，尽早发现问题并探究对应的解决方案。需要注意的是，仅通过基层提交的相关报告并不能充分了解关键问题所在，企业相关部门及人员必须深入调查探究，认真进行审查，把握第一手资料，找出问题，并提出相应的解决方案。

3.4.3.2 举行成本管理会议

成本管理体系涉及全部部门、全体员工的共同参与，而且从审查探究的过程中发现的问题涉及面通常比较广泛，很难逐一进行处理。因此，企业应定期或不定期地组织成本管理会议，对每个部门提出的问题进行综合处理。

3.4.3.3 提供成本管理体系的维护方法

成本管理体系的维护方法应该有很强的易操作性，并且应面向有关部门和人员实施。成本管理体系的维护方式包含自主维护和固定时间维护两种。因为成本管理体系具有很强的系统性，任何环节发生问题都可能会影响整个体系的运作，所以构建成本管理体系需要具备自主维护能力，以便当发生问题的时候能自主进行调整。

此外，企业要积极吸收成本管理的最新研究结果，使成本管理的方式更具科学性。换句话说，成本管理系统完全依靠着成本管理研究结果的推行。与此同时，企业也应该探索其他有关学科的研究结果，并将其运用到成本管理的实践中，使成本管理系统更具科研技术水准。

成本管理的现代化方式就是做好成本管理的主要条件。随着市场经营的逐步完善，竞争也越来越激烈。企业只有采取新的理念和办法，才可以在成本管理方面取得更好的成果。对成本管理探究的新理念和新办法，应按照企业的实际情况，认真探究、消化、了解和应用。与此同时，成本管理是一项相对全面的工作，有关学科的发展也会对它产生一些影响，如统计学科、管理学科等学科。企业应该吸收相关学科的新内容和新方式，使成本管理的理念和实行更与时俱进。

计算机的普遍使用是成本管理的新方式，它不仅提升了工作的速度和精准性，而且还带来了新的氛围和思想，这对成本管理者来说是个很好的提升机会。因此，成本管理者需要仔细学习计算机相关的知识，高效地应用计算机技术，提升工作能力。

企业要建立健全成本管理体系运行的标准。在建设完成成本管理系统以后，如何将其投入运行，是一个很关键的问题。因为成本管理体系与企业的方方面面都有关系，所以成本管理体系的启动运行也需要每个部门之间的协同合作。如果成本管理体系在运行过程中受到阻碍，全面的成本管理系统的运转也会受到一定的阻碍。正因如此，一个相对完整的成本管理体系需要具备确保该体系可以有效运作和自动消除问题的机制。

为使成本管理体系顺利运行，需要相关组织系统和人员的参加。成本管理组织系统应该包含企业技能部门、分支机构部门等，并建设不同层面的职责制度；应将参与者中的专业人员和兼职人员结合在一起，环环相扣，对每一个环节都进行详细的检查，这样才能保证成本管理系统的有效运作。

企业还要整顿成本管理制度，当企业生产的要求、产品的销售、市场的情况等方面具有指向性的变化时，需及时整顿成本管理制度，使成本管理制度随市场经济要求的变化而变化。

总而言之，成本管理体系的建设不是一蹴而就的。随着内部环境和外部环境的变化，尤其是成本管理理念和方式的发展，原本的成本管理体系已经不能满足其对成本管理的需要。因此，随着外部条件的变化对成本管理体系进行整顿，使其满足现存的每个项目管理系统的需要是非常重要的。

3.5 成本管理实践分析——以货物配送成本为例

3.5.1 货物配送成本管理程序

货物配送成本管理程序如下。一是认真做好成本预测工作，对一定时期的成本水平和成本目标进行规划，对各种方案进行比较分析，做出有效的成本决策。二是按照成本决策的详细内容，制订成本规划，并将其作为成本控制的依据，增强日常的成本审查和监管力度，及时发现和克服生产经营过程中出现的损耗情况。在日常生活中，要认真组织成本核算工作，建立健全成本核算体系和基础工作，严格执行成本核算范围，采用适当的成本核算方法，正确评价各部门成本管理绩效，不断推动企业发展，完善成本管理措施，提高企业成本管理水平。

3.5.1.1 对货物配送成本进行分类分析

①普通分类：间接成本、运营成本、直接成本。

②根据货物配送的功能范围进行分类：流通加工成本、运输成本、包装成本、装卸与搬运成本、存储成本、配送成本。

③根据货物配送的活动范围进行分类：供给货物配送的费用、企业内部货物配送的费用、贩买货物配送的费用、回收货物配送的费用、丢弃物品的货物配送费用。

货物配送成本管理就是运用成本来管理配送货物，其管理的目标是货物配送而不是成本。可以说，货物配送成本管理是一种通过成本进行货物配送管理的方式。它的重要意义就是通过对货物配送的有效管理，运用货物配送重要因素与利润之间的反比关系，科学有效地组织货物配送行动，进一步控制货物配送的支出费用，减少货物配送行动中的物质和生活劳动力损耗，从而达到减少货物配送成本、提升企业的经济效益和社会效益的目标。

3.5.1.2 确立货物配送成本管理的具体目标

在货物配送成本管理的过程中，企业应该确立有明显针对性的管理目标。在通常情况下，企业中货物配送成本管理首先要把握货物配送成本的现实情况，找出货物配送过程中存在的问题；其次要对比和评估每个和物流有关的部门；最后要根据货物配送成本预算结果来制订货物配送计划，制订货物配送管理的策略。通过货物配送成本管理，可以找到降低物流成本和加强整体物流管理的关键环节和途径。

3.5.1.3 货物配送成本管理的具体办法

要想更有效地对货物配送的成本进行管理，就需要掌握货物配送成本管理的办法。货物配送成本管理办法通常分为以下几种。

3.5.1.3.1 进行比较分析

①采取横向比较。将企业中供应商的货物配送、生产的货物配送、销售的货物配送、退货的货物配送和废弃物品的货物配送（有时还包含了流通加工和货物配送）等每个环节的货物配送费单独进行计算，然后再进行横向比较，比较哪个环节产生的物流费最多，及时发现物流费异常情况，进而查明原因，填补漏洞，改善管理方式，达到降低物流成本的目的。

②进行纵向比较。对企业过去几年的各项货物运输费用与当年的货物运输费用进行比较，并进行数据分析，从而找出问题并采取相应措施。

③将预算费用与实际发生费用进行比较。把企业当年实际开销的货物运输费用与预测的货物运输费用进行比较，找出差异并分析原因，以此掌握企业物流管理中存在的问题和不足，并及时改正。

3.5.1.3.2 进行综合评估

如果采取集装箱进行配送，可以采取以下几点措施。

①简化包装，节省包装费用。

②防止雨淋和防晒，确保货物在运输过程中的品质。

③将集装箱当作仓库使用，还具有防盗和防火的作用。

需要注意的是，简化包装会降低包装的韧性，因此货物不能堆放太高，否则会造成仓库空间的浪费，降低仓库的保管能力，而且有可能会影响到货物的装卸速度。因此，有必要采用统一的货物配送成本和各个环节的货物配送行动成本进行综合评估和计算。对货物配送成本的综合收益进行分析，认识到问题并加以解决，能够强化货物配送的管理。

3.5.1.3.3 使用排除法

在货物配送的成本管理中有一种方法为活动标准管理，即将与货物配送有关的活动分为两种：一种是有附加价值的活动，如包装、装卸、仓储等与货主有直接关系的活动；另一种是和货主没有直接关系且无附加价值的活动，如会议、改变工作流程、维修机械设备等。但事实上，在商品流通的时候，如果可以直接送货，就无须设立仓库或配送中心，实行零库存，相当于避免了货物配送中的非增值活动。如果把以上的非增值活动排除在外或者尽可能地减少，就可以节省配送成本，实现货物配送管理的目标。

3.5.1.3.4　对责任进行划分

在企业的生产经营中，货物配送在企业内部的责任划分至关重要。从客观的角度上来说，物流部门本身的职责是货物配送，而职责的来源是销售部门或制造部门。以销售商品的配送为例，在一般情况下，销售部门会制订销售货物的配送方案，包括订货之后几天内进行交货、所订购商品的最低数量等。在企业选择当天订购并要求第二天交货的情况下，如果订单数量大，货物配送部门的配送成本就少；如果订单量小，那么配送成本就会增加。需要注意的是，配送次数太多或者是太少都可能会导致的货物配送成本增加，这也就超出了销售商品所取得的收益，应该由销售部门承担这种浪费和损失的责任。

3.5.2　影响企业货物配送成本的因素

①产品的原因：产品的价值、产品的数量、产品易损坏等。

②竞争性原因：订货的时间、库存的水平、配送的效率等。

③空间的原因：企业生产中心的位置、仓库的交通便利程度及供货的地点等。

3.5.3　货物配送成本的几种相关理论

3.5.3.1　关于"黑大陆"的说法

知名的管理学权威彼得·德鲁克（Peter Drucker）于1962年在《财富》杂志上发布了一篇名为《经济的黑色大陆》的文章。文章中主要强调的就是"流通处在一片灰色的区域，甚至是黑色区域，一片还没被开垦过的处女地，是经济领域的一片黑暗大陆"。[①]虽然彼得·德鲁克指的是流通，但是货物配送上也有一种比较特殊的模糊性。因此，也可以说"黑大陆"的说法是对于货物配送来说的。

---

① 黄征宇. 物流信息化：越过"黑大陆"[J]. 中国信息化，2009（015）：39-40.

3.5.3.2 货物配送的"冰山"学说

日本早稻田大学西泽修教授在探索货物配送成本的时候发现，现有的财务会计制度和会计核算方法无法反映货物配送费用的现实情形，人们对于货物配送费用的认知是空白的。他把这种情形比喻成"物流冰山"，意为人们只能看到水上的一小部分冰山，而沉浸在水下的冰山部分并没有引起人们的注意。

3.5.3.3 "第三个利润源"

西泽修教授在1970年出版的《流通费用》一书中指出"第三个利润源就是物流"，这意味着经过物流的合理化建设，可有效地减少物流成本，使商品配送成为企业在节省物资资源和减少劳动力损耗后获得收益的第三条路径。

3.5.4 货物配送成本管理存在的问题

3.5.4.1 货物配送成本计算方法存在的问题

①没有真正把握货物配送成本的概念，特别是没有明确企业内部的货物配送成本。

②企业内部对货物配送成本的理解并不充分。对于货物配送成本的概念，货物配送成本和建造成本、配送成本和促销成本之间的关系尚不明确。

③计算企业内部货物配送成本的标准不统一，经常发生变化。

④在货物配送成本中，存在着一些货物配送部门无法控制的成本，如货物运输途中发生的意外成本等。

⑤不同的企业在计算货物配送成本方面采取不同的标准。

3.5.4.2 计算货物配送成本的目的存在的问题

①货物配送成本的计算目标具有不稳定性。

②货物配送成本未对企业成本管理起到实质性作用。企业仅了解了货物配送的成本概念，运用货物配送成本进行成本控制的阶段还未实现。

③负责货物配送的部门只计算了货物配送的成本数量。

④货物配送的成本管理并未超出财务会计的范畴。

3.5.4.3 减少货物配送成本方面存在的问题

①计算配送成本的目标只是为了可以减少成本，管理者在这方面应当予以重视。

②货物配送部门向管理者汇报的货物配送成本只是其中的一部分，并未向生产和销售部门提供关于货物配送成本的准确和有使用价值的信息。

③每个企业在同样范围内的配送成本是不一样的，但行业中存在盲目对比现象。

④企业将减少货物配送成本的工作完全托付给其他人（货物配送专业人士或者销售和制造部门）。

⑤减少货物配送成本的问题只由货物配送部门来解决，制造和销售部门未参与其中。

⑥没有考虑到各个机构之间的堡垒，而各分支机构之间的堡垒已经成为减少成本的障碍。

⑦没有建立多产量和小产量货物配送体系。只是在过去货物配送制度的基本上，进行减少货物配送成本的一种尝试。

⑧没有专业人士和机构定期负责物流的会计工作。

第4章

企业成本控制

在企业发展战略中，成本控制处于极其重要的地位。根据企业成本管理流程，企业进行成本决策后，要进行成本预测，进而开始着手实现成本管理目标。成本预测可以为成本控制的实际执行提供标准，有利于揭示成本差异。

4.1 成本控制概述

4.1.1 成本控制的意义

成本控制是指在生产经营成本形成的过程中，对各项经营活动进行指导、限制和监督，使之符合有关成本的各项法令、方针、政策、目标、计划和定额的规定，及时发现实际成本与预测成本的偏差并予以纠正，使各项耗费被控制在成本预测的范围之内；同时，在采取改进措施和不断学习先进经验的基础上，修订和建立新的成本目标，进一步降低成本，使其达到最优水平。成本控制渗透到了现代企业的每一项经济活动，是现代企业管理的重要组成部分。

也就是说，成本控制主要是运用成本会计的方法，对企业生产经营活动进行规划和管理，将实际成本与预测成本相比较来衡量业绩，并遵循例外管理原则，对不利差异予以纠正，提高工作效率，不断降低成本。

成本控制有广义和狭义之分。广义的成本控制包括成本的事前控制、事中控制和事后控制。成本的事前控制也称"前馈控制"，是指在产品投产之前，对产品成本进行规划，编制成本预测表，根据成本决策选择最佳成本方案，以利于成本控制。成本的事中控制也称"过程控制"，是指在费用发生过程中进行的成本控制。虽然它要求实际成本支出尽量按照目标成本的要求进行，但是在实际情况中，往往会发生超支或节约现象，这种超支差异或节约差异就是成本差异。差异是一项重要的信息，将超支差异或节约差异及时反馈给有关部门，有助于及时纠正偏差和巩固业绩。成本的事后控制也称"后馈控制"，是指将所揭示的差异进行汇总、分配，计算产品的实际成本。产品实际成本的计算公式为：

$$产品实际成本＝目标成本±偏离目标的差异\qquad(4\text{-}1)$$

狭义的成本控制又被称为"日常成本控制"或"事中成本控制"，它只包括成本的过程控制，不包括前馈控制和后馈控制。

本书所说的成本控制是广义的成本控制，它既包括目标成本的制定、预算的下达、差异的计算，也包括事后的汇总、成本的计算和分析。

有效的成本控制是企业在激烈的市场竞争中获得成功的基本要素。需要注意的是，成本控制绝对不是单纯地压缩成本费用，还需要建立科学合理的成本分析与成本控制系统，使企业的管理者清楚地掌握企业的成本构架、盈利情况、把握决策的正确方向，为企业做出正确的决策提供关键支持，从而实现真正有效的成本控制。

4.1.2　成本控制的原则

无论实施怎样的管理制度，都要遵循其基本原则，以最大限度地发挥作用，成本控制也是一样。成本控制应遵循的原则如下。

4.1.2.1　全面成本控制原则

全面成本控制原则是指成本控制要做到"三全"，即全部、全员、全过程的控制。"全部"是指要控制产品生产的全部成本。这里所说的"全部成本"不仅包括对变动成本的控制，还包括对固定成本的控制。"全员"是指实施成本控制时要动员企业全体职工共同参与，包括领导干部、管理人员、工程技术人员和广大职工，让所有员工都树立成本意识，参与成本控制。"全过程"是指对包括产品设计、制造、销售的整个生产经营过程进行控制，并将控制的成果反馈在相关报表中，以便发现现有成本控制的不足之处。全面成本控制强调成本控制的科学性，致力于发挥全员的力量，有利于各级组织目标的一致。

4.1.2.2 例外管理原则

例外是指超常情况。进行成本控制时特别要注意某些超常情况。实际成本虽然经常与预测成本存在出入，但是差异一般不会很大，因此，如果有超常情况发生，企业成本控制人员应予以高度重视，并及时进行信息反馈。遵循例外管理原则能抓住显著突出的问题，找到引起差异的关键，从而促进成本管理目标的实现。

4.1.2.3 成本效益原则

企业追求的终极目标是经济效益，企业加强成本控制就是为了降低成本，提高经济效益。因此，企业成本控制活动应以成本效益原则作为指导思想，从投入与产出的对比分析来看待投入的必要性和合理性，即尽可能减少资本付出，创造尽可能多的价值，从而获得更多的经济效益。但是，提高经济效益不能仅靠降低成本，更重要的是在实现相对节约的同时，取得最佳的经济效益。例如，虽然在进行成本预测时确定了目标成本，但是如果实际生产时的产量、质量有所提高，也可以相应地增加限额。

4.1.3 成本控制的核心内容

成本控制的核心内容如下。

①进行成本预测，确定目标成本。

②将实际成本与目标成本进行比较。

③分析差异，查明原因，进行信息反馈。

④将目标成本与差异相结合，计算产品的实际成本。

4.1.4 成本降低

4.1.4.1 成本降低的概念

市场竞争日趋激烈，每个企业都需要不断努力，保证企业的长远发展。成本降低就是实现这一目标的有效途径。

4.1.4.2 成本控制与成本降低的区别

从二者的概念来看，成本控制与成本降低存在一定的区别，具体表现在以下方面。

4.1.4.2.1 目的不同

成本控制以完成预测的目标成本为目标，而成本降低则以追求成本最小化为目标。

4.1.4.2.2 涉及的时间范围不同

成本控制要求在执行成本决策的过程中努力实现目标成本，而成本降低包括成本预测和决策分析，涉及从正确选择经营方案到做出决策的全过程。

4.1.4.2.3 涉及的空间领域不同

成本控制仅限于预测出目标成本的项目，而成本降低则不受这种限制。成本降低认为企业全部活动的成本都有降低的可能。

4.1.4.2.4 绝对和相对的区别

成本控制是指降低成本支出的绝对额，因此又被称为"绝对成本控制"；而成本降低主要强调实现成本的相对节约，只要统筹安排成本、数量和收入的相互关系，能够实现收入的增长超过成本的增长即可，因此又被称为"相对成本控制"。

4.1.4.3 成本降低的基本原则

成本降低需要遵循的基本原则，具体分为以下五点。

4.1.4.3.1 坚持以顾客为中心

成本降低并不意味着产品质量的下降。企业要始终牢记以顾客为中心，在不降低产品质量的前提下降低成本，做到将产品更快地交付使用，保证产品拥有更好的质量和更便宜的销售价格。

4.1.4.3.2 兼顾成本发生全过程

随着时代的发展，成本的发生过程在不断延伸。对于企业来说，降低成本不仅指降低生产成本，还包括企业许多其他经济活动的成本，如研发成本、营销成本、售后服务成本等。这些非生产成本的比重在企业成本中所占比重越来越大，甚至在有些企业的成本中，非生产成本已经超过了生产成本。因此，降低成本既要考虑生产成本，也要考虑降低非生产成本。

4.1.4.3.3 以降低单位成本为主要目标

降低成本是为了降低产品的单位成本。因为总成本的增减可能与生产能力利用率的高低有关，如企业当年的总成本与上年相比明显减少，可能是当年开工天数不足造成的。

4.1.4.3.4 应该依靠自身力量降低成本

外界因素可能会导致企业成本出现偶尔的降低，如市价的有利变动或税收减免等优惠政策。但是外因通常不具有持续性和稳定性，所以不能过度依赖外因，企业应该依靠自身力量降低成本。

4.1.4.3.5 成本降低应持续不断

不断降低成本、提高经济效益是企业在激烈的市场竞争中生存的法宝。成本降低必须持续不断，永无止境。

4.1.4.4 成本降低的主要途径

成本控制主要涉及管理问题，而成本降低主要涉及技术方面的问题。成本降低可以通过以下途径实现。

4.1.4.4.1 人无我有

开发新产品，利用价值工程等方法提高产品的功能成本比率，在提高产品附加值的同时实现成本的相对降低。

4.1.4.4.2 人有我优

改进现有产品的科技水平，或者优化其生产工序，采用更先进的设备、工艺和材料。

4.1.4.4.3 人优我精

开展作业成本计算、作业成本管理和作业管理。作业成本计算是把成本更精确地分配到成本对象（即产品、服务和顾客）的程序，其首要目的是使盈利能力分析更具科学性和有效性；作业成本管理是利用作业成本信息使销售的产品和提供的服务合理化，改进作业工序以提高生产效率；作业管理是把作业成本计算、作业成本管理和非成本问题管理结合起来，包括生产周期、产品质量、交货及时性和顾客满意度等，以创造更多的价值。

4.1.4.4.4 加强培训

加强员工的相关培训，提高员工的技术水平，使员工树立成本降低的意识。

4.2 成本控制的工具——标准成本及其制定

在激烈的市场竞争环境下，开源节流是企业生存和快速发展的必经之路。"开源"一词是指最大限度地提高产品销量或产品价格，要想实现开源需要企业付出极大的努力。"节流"一词是指成本控制，而成本控制的有效工具之一就是标准成本系统。

标准成本系统是一种会计信息系统和成本控制系统，主要用来克服实际成本计算系统的不足，有针对性地解决实际成本计算系统不能提供准确的信息促进成本控制的问题。

标准成本系统的实施主要分为六个步骤，如图4-1所示。

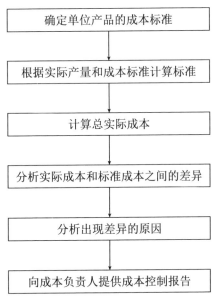

图 4-1 标准成本系统的实施步骤

4.2.1 标准成本的概念

标准成本是指企业在正常的生产技术水平和有效的管理条件下达到的产品成本水平。标准成本是一种通过调查、分析和技术评估等方式预测成本的方法。将企业的实际成本和收益与标准成本进行对比，可以确定管理者的绩效，体现企业的管理效率。

在实际应用的过程中，"标准成本"这个词具有以下两层含义。

标准成本的第一层含义是根据每件产品的标准损失量和标准单位进行计算和推断得到的，又称"成本标准"，它主要由单位产品产出所需的资源量和资源的成本决定。其中，单位产品产出所需的资源量就是标准损失量，而为了获得这些资源所支出的费用就是标准单价。单位产品标准成本可以通过历史资料、市场调研和统计分析计算得出，其计算公式如下：

$$成本标准－单位产品标准成本＝单位产品标准消耗量×标准单价 \quad (4-2)$$

标准成本的第二层含义是通过产品的实际生产产量和单位产品标准成本计算得出的实际产品产量的标准成本，其计算公式如下：

$$标准成本＝实际产量×单位产品标准成本 \quad (4-3)$$

即

$$标准成本＝实际产量×成本标准 \quad (4-4)$$

由于标准成本严格控制资源浪费和成本浪费情况，它又被称为"应该成本"。在预计成本中，除了标准成本之外还有预测成本，但是预测成本不会考虑影响因素的作用，仅预测未来的成本。标准成本是以产品销售为目的的，它可以反映企业的成本管理目标和要求，如确定产品的销售情况和成本、生产过程的效率，也可用于确定库存。

4.2.2 标准成本的分类

在制定标准成本时，由于不同管理者的要求不同，不同企业的标准成本也不同。按照不同的划分标准，标准成本可以分为理想标准成本和正常标准成本、基本标准成本和现行标准成本。

4.2.2.1 理想标准成本和正常标准成本

4.2.2.1.1 理想标准成本

理想标准成本，又称"理论标准成本""最高标准成本"，它是企业在现有的生产技术、生产设备能力和经营管理条件下，用最佳的、最理想的经营水平所确定的产品标准成本。理想标准成本属于理论性能标准，通过它可以得到生产要素的理想价格，也可以确定最高生产经营能力的可能利用水平。理想标准成本要求企业尽可能地做到在作业中不出现损耗或停机情况，满负荷生产，以使企业的生产率得到最大限度的提高，使企业达到最佳的运行条件，以最低的成本获取最高的经济效益。由此可见，理想标准成本很难实现。此外，由于理想标准成本的要求过高，如果将它作为参考会导致员工的工作积极性降低。因此，理想标准成本在通常情况下只被当作减少实际成本的依据，用来制定理想化的标准成本。

4.2.2.1.2 正常标准成本

正常标准成本是指企业在生产经营的过程中，在充分考虑员工休息、机器维修和正常材料损耗等因素的基础上制定的标准。在管理效率出色的条件下，达到这一标准并不困难。若产品数量一定，正常标准成本应大于理想标准成本，同时应低于历史平均水平。正常标准成本可以激励员工的工作积极性，有效且准确地评估员工的绩效。

在标准成本系统中，正常标准成本由于具有客观、科学的特点，考虑到各种意外事故和紧急情况的影响，可以反映正常情况下的消耗情况，具有现实性，因而受到了广泛的应用。正常标准成本是应该发生的标准成本，可以用来进行绩效评估，增强员工的工作积极性，实现工作目标。当工艺水平和管理效率水平变化不大时，正常标准成本不需要经常修改，可以被连续使用，具有稳定性的特点。

4.2.2.2 基本标准成本和现行标准成本

4.2.2.2.1 基本标准成本

基本标准成本是指企业通过历史实际经营数据确定的标准。需要注意的是，由于历史实际数据可能存在效率不等的问题，未必能够准确反映正常情况下的标准成本。也就是说，基本标准成本存在不合理的情况。

4.2.2.2.2 现行标准成本

现行标准成本是指根据适应期设定的预期价格、效率、生产经营能力的利用程度计算出的标准成本。需要注意的是，当上述因素发生变化时，需要根据变化的具体情况修改现行标准成本。一般情况下，标准成本可以被用于评估实际成本，也可以被用于计算销货和存货成本。

4.2.3 标准成本的功能

标准成本是一种从成本控制和绩效评价等方面入手建立的成本体系，它可以帮助企业管理者制订有效的计划，从而更好地开展各项工作。标准成本的功能如图4-2所示。

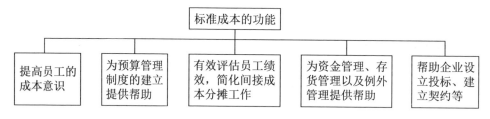

图4-2 标准成本的功能

4.2.3.1 提高员工的成本意识

标准成本是为了达到某一目标确定的产品标准成本，它可以提高企业每一位员工的成本意识，从而达到控制成本或者减少成本的目的。

4.2.3.2 为预算管理制度的建立提供帮助

标准成本虽然不能直接作为产品成品的基础评价，但可以用来协助预算管理制度的建立，也可以作为管理者进行内部决策的参照依据，并可以用来指导产品出售价格的定价。

4.2.3.3 有效评估员工绩效，简化间接成本分摊工作

标准成本的部署与实施可以用来进行绩效评估、计算产品成本以及减少财

务成本，不仅可以进行预期支出规划，而且通过对比标准成本和实际成本之间的差异可以作为评估员工绩效的依据，并通过分析差异的原因可以简化一些间接成本的工作，进而达到减少财务管理成本的目的。

4.2.3.4 为资金管理、存货管理以及例外管理提供帮助

标准成本的应用对资金、例外管理和存货管理具有一定的帮助，对责任会计制度的实行具有助推作用。当标准成本与实际成本之间存在差异时，管理人员找寻差异出现的原因，编制差异报告，以此查明划分责任的归属，为下次绩效的完善提供依据。

4.2.3.5 帮助企业设立投标、建立契约等

标准成本可以作为设立投标、建立契约以及确定售价的依据。

4.2.4 标准成本的制定

一般情况下，工程技术人员、部门主管、会计人员应共同参与制定标准成本。企业可以根据历史数据进行标准成本的控制，但是也要考虑相关因素的影响做出适当的调整。需要注意的是，标准成本反映的是"当今成本应是多少"，而不是"之前的成本是多少"。也就是说，历史数据只可用来作为参照。

产品的生产成本包含材料费用、人工费用和制造费用，因此制定标准成本需要分别对材料费用、人工费用和制造费用的标准成本进行预算计算和确定。

制定标准成本时，无论哪一个成本项目都需要分别确定其用量标准和价格标准，再将两者相乘后即可得出标准成本。具体内容见表4-1。

表4-1 成本项目标准成本的制定

成本项目	用量标准	价格标准
直接材料	单位产品材料消耗量	原材料单价
人工材料	单位产品直接人工工时	小时工资率
制造费用	单位产品直接人工工时（或台时）	小时制造费用分配率

对于单位产品的消耗而言，直接工时就属于用量标准。其本身主要是由生

产技术部门负责的，可以由部门和员工制定用量标准。原材料单价以及员工的工时和小时制造费用的分配率属于价格标准，由会计部门以及与之相关的部门共同制定。例如，采购部门负责材料的价格，生产部门和劳资部门需要对员工的工时负责，每一个生产车间需要对小时制造费用负责。也就是说，制定价格标准需要这些部门共同协商和完成。

4.2.4.1 直接材料标准成本的制定

直接材料标准成本是指在正常的生产过程中产品消耗的直接材料的标准用量，可以用统计法、工程法、其他技术分析法进行确定。在制定直接材料标准成本时，应该先具体调查并了解产品耗材的实际情况，考虑可能出现的各种因素以及各种难以避免的损失等。

每种直接材料的标准成本与其用量标准、价格标准息息相关，三者的关系可用以下公式说明：

$$直接材料标准成本=直接材料用量标准×直接材料价格标准 \qquad (4-5)$$

4.2.4.2 直接人工标准成本制定

直接人工标准成本由直接人工效率标准和直接人工工资率标准。完成产品生产所消耗的标准工时就是直接人工效率标准，也称为"直接人工用量标准"。如果生产产品存在很多工序，在确定产品所需要的生产工人用量时，就需要按照产品的加工顺序逐步进行，最后进行汇总。需要注意的是，应在现有的生产技术的前提下确定必要操作的时间以及必不可少的停工和间歇时间，如休息、调整设备时间和不可避免的耗材等，然后再确定直接人工用量标准。

直接人工工资率标准是指单位直接工作时间的标准工资，也称为"直接人工价格标准"。通常情况下，企业在雇佣员工时就已经与员工就工资率达成一致，因此确定直接人工工资率标准相对容易。如果采用计件工资制，直接人工工资率标准应为每种产品的工资除以标准工作时间或计划小时工资；如果采用月工资制，直接人工工资率标准应根据月工资总额和可用工作时间总数计算。

4.2.4.3 制造费用标准成本制定

制造费用分为间接材料费用、间接人工费用以及其他制造费用三类。制造费用先由企业的各个部门独立编制，再将所有部门的制造费用进行汇总，进而得到整个产品的制造费用标准成本。每个单位成本制造费用的预计分摊率是制造费用的标准，也可将其转化为单位产品的标准制造费用分摊率。制定制造费用标准成本的方法有两种，一种是变动制造费用标准成本，另一种是固定制造费用标准成本。

4.2.4.3.1 变动制造费用标准成本

当企业的总产量发生变化时，变动制造费用也随之改变，但是单位产量的变动制造费用则保持不变。变动制造费用标准成本的用量标准通常采用单位产品直接人工标准工时，有的企业也采用机器工时或其他用量标准，无论何种用量标准，只要其尽可能地与变动制造费用保持较好的线性关系即可。

变动制造费用标准成本的价格标准是指每小时变动制造费用的标准分配率，可根据变动制造费用预算总额与直接人工标准总工时之比计算求得。

变动制造费用标准分配率的计算公式为：

$$变动制造费用标准分配率＝\frac{变动制造费用预算总额}{直接人工标准总工时} \qquad (4\text{-}6)$$

变动制造费用标准成本的计算公式为：

$$变动制造费用标准成本＝单位产品直接人工标准工时×每小时变动制造$$
$$费用的标准分配率 \qquad (4\text{-}7)$$

各部门制定变动制造费用标准成本之后，就可汇总得出单位产品的变动制造费用标准成本。

4.2.4.3.2 固定制造费用标准成本

固定制造费用标准成本中的固定制造费用总数在一定范围内不会因作业量的增减而有所变动，因此在制定固定制造费用标准成本时，应先确定每小时固定制造费用的标准分配率，再将其与单位产品直接人工标准工时相乘得出结果。

例如，企业采用变动成本的方式进行计算时，固定制造费用不计入产品成本，这时产品的标准成本中不包含固定制造费用标准成本。在这种情况下，不需要制定固定制造费用标准成本，因为这时是通过成本预测进行成本控制的。但是，如果运用整体成本（变动成本＋固定成本）计算，就需要计入固定制造费用标准成本来计算产品成本，并确定标准成本。

固定制造费用标准成本的价格标准是指每小时固定制造费用的标准分配率，由固定制造费用预算总额与直接人工标准总工时相除计算得出。

固定制造费用标准分配率的计算公式为：

$$固定制造费用标准分配率 = \frac{固定制造费用预算总额}{直接人工标准总工时} \qquad (4-8)$$

固定制造费用标准成本的计算公式为：

$$固定制造费用标准成本 = 单位产品直接人工标准工时 \times 每小时固定制造$$
$$费用的标准分配率 \qquad (4-9)$$

各部门制定固定制造费用标准成本之后，就可以汇总得出产品的固定费用标准成本。将以上制定的变动制造费用标准成本和固定制造费用标准成本加以汇总，就可以得到这项产品的完整标准成本。

4.2.5 标准成本的账务处理

在企业正常运转的情况下生产产品的成本就是标准成本。标准成本不是实际产生的成本，因此企业仅将其作为统计资料提供一些与成本控制有关的信息，进行账务处理。但是，标准成本的账务处理，不仅可以提高成本计算的效率，使其发挥更大的功效，还可以简化记账手续。

标准成本系统需要同时提供实际成本、标准成本和成本差异这三项成本资料，因此标准成本的账务处理具有以下几点特点。

4.2.5.1 通过"原材料""生产成本""产成品"账户登记标准成本

原材料到产成品的流转过程包含在实际成本系统内，分别通过"原材料"科目登记购买尚未使用过的材料，"生产成本"科目登记生产过程中领用的原材料，"产成品"科目登记完工时产品的成本，使用实际成本核算。而在标准成本系统中，这些账户以标准成本登记，无论是借方还是贷方都登记实际产品数量的标准成本。

4.2.5.2　设置成本差异账户分别记录各种成本差异

由于上述所有科目在标准成本系统中以标准成本核算，应该设置一系列成本差异账户，如材料价格差异、材料数量差异、直接人工效率差异、直接人工工资率差异、制造成本差异、制造成本效率差异、固定制造成本差异、固定制造成本效率差异、固定制造成本函数差异等。为了记录标准成本与实际成本之间的差异，应按照成本差异账户设置的方法，采取成本差异分析法为每个成本差异设置一个账户。

具体方法是，在需要登记"原材料""生产成本""产成品"账户时，应将实际成本分离为标准成本和有关的成本差异，由标准成本数据账户记入"原材料""生产成本""产成品"账户，而相关的成本差异则分别记入成本差异账户。为了便于评估，也可以由相关部门设置成本差异账户并单独记录各部门之间的成本差异。

4.2.5.3　生产经营周期期末对成本差异进行处理

各成本差异账户的累计发生额可以反映一个生产经营周期成本控制的业绩。在生产经营周期期末对成本差异进行处理的常用方法如下。

4.2.5.3.1　结转当期损益法

根据这种方法，在生产经营周期期末，所有差异都会被转入当期利润账户，或者先转入主营业务成本账户，再转入当期利润账户。该方法以标准成本是实际成本为基础，认为成本差异是由异常的生产低效率和资源浪费造成的。在当期损益中，利润可以反映当期作业水平。需要注意的是，如果成本差异金额较大或标准成本与实际成本不符时，使用结转当期损益法不仅会使存货成本严重偏离实际成本，而且会损害当前的经营成果。因此，这种方法只适用于成本差异较小的情况。

4.2.5.3.2　调整销货成本与存货成本法

这种方法需要将成本差异按照一定比例分配给销货成本和存货成本。

此方法基于税法和会计系统，要求实际成本反映存货成本和销货成本的事实，当期成本差异应由存货成本和销货成本共同承担。需要注意的是，这种方法会增加计算和分配的工作量。此外，某些费用可能无法合理地包含在库存成本中，将存货成本作为资产来换取未来收益显然是不合理的，最好将损益汇总作为当期成本差异。

在处理成本差异时，需要考虑很多因素，包括差异的类型（材料费用、人工费用或制造费用）、差异产生的原因以及差异产生的时间（如非常差异引起的季节变化等）。因此，可以采用不同的方法处理各种成本差异，如调整销售商品的成本和库存以适应材料价格差异等。通常情况下，可以采用结转当期损益法来计算能源差异，而其他差异的计算则可以采用调整销货成本与存货成本法。需要强调的是，在同一个生产经营周期内处理成本差异的方法应保持一致，以便使早期和后期的费用数据具有可比性，避免对资料使用者造成误解。

4.3　成本控制的工具——弹性预算及其编制

4.3.1　预算的含义

在未来某一特定的时间内，就如何运用和获取资金而进行的计划就是预算。预算是为企业实现战略目标服务的，是战略计划的一部分。企业在制定战略的过程中，通常要明确组织目标，并且确定实现目标的路径。组织目标的实现过程很漫长，因此要细化目标和实现步骤，使其更清晰和便于理解，最终构成企业的长期战略计划。长期战略计划具体的战术目标就是预算，预算是定量化表达计划的方式。

预算和标准成本作为成本管理控制的工具，都可与实际成本进行比较，但预算与标准成本本质上是有差别的。一般来说，标准成本通常是单位成本，而预算通常是总标准成本。预算是在预定的生产水平下的总标准成本，可用于指导企业在生产经营过程中应保持的生产和成本水平。标准成本是企业在降低成本时，生产单位产品的目标成本，强调最大成本。当标准成本低于预算时，可以增加利润。标准成本主要为产品的成本设定标准，而预算不仅限于产品的成本，还包括收入、库存等预算。

4.3.2 弹性预算的概念和特点

弹性预算，又称"变动预算"，是指在企业无法准确预测业务量的情况下，根据业务量与利润的常规定量关系和多元化生产经营活动水平、收入、成本与生产经营活动的定量关系，可以编制可扩展的预算。

各项间接费用的计算和企业对利润的计算都要运用到弹性预算。弹性预算的特征体现在企业的生产规模和业务量水平的不断变化上，随着企业业务量的变化做相对的预算金额的调整，可以真实反映出每一指定的生产规模和业务水平上所发生的费用开支或者获取的利润。

4.3.3 弹性预算的编制

编制弹性预算是预算管理工作的主要内容，是实现预算控制的基础，也是一项十分复杂和综合性的工作。

编制弹性预算的大体步骤如图4-3所示。

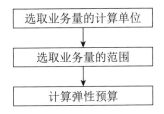

图 4-3 编制弹性预算的大体步骤

4.3.3.1 选取业务量的计量单位

编制弹性预算，首先要确定代表某一部门生产和经营业务量的计量单位。例如，对于以手工操作为主的工作部门来说，适合选取人工工时为计量单位；对于制造单一产品或零件的工作部门来说，适宜选用产品数量为计量单位；对于生产零件或者多种产品的部门来说，适宜选择人工工时或者机器工时为计量单位；对于修理部门来说，可以直接选择修理工时。

4.3.3.2 选取业务量的范围

企业或者部门的业务量变化可以控制弹性预算的业务量范围，但是不可超过实际业务量的确切范围。简单来说，弹性预算的业务量范围可以定位在正常生产力的70%～110%，或者是将史上最高和最低的业务量作为上下限。

4.3.3.3 计算弹性预算

弹性预算的计算方法可分为以下两种，分别是多水平法和公式法。

4.3.3.3.1 多水平法（列表法）

运用多水平法时，首先要确定弹性预算业务量的基本范围，并在范围内划分出多个不同的水平点，然后再分别计算不同水平点的每一项成本预算，汇总到报表中。业务量的间隔大小可以进行调节，如果间隔较大，水平级别相应较低，就可以简化编制工作，但同时也会丧失多水平法的优点；如果间隔较小，可以用来控制成本，使其较为准确，但是会增加编制的工作量。

多水平法的优点是不论实际的业务量是多少，都可以在不计算总业务量的情况下找到和业务量相匹配的预算成本，这种方法对于成本控制而言是比较方便的。曲线成本和阶梯成本属于混合成本，可以按照其本身的形态计算填列，不需要用数学方法去修正为相近的直线成本。但是，运用这种计算方法在进行考核和评估实际成本的时候，几乎都需要运用插补法计算实际业务量的成本预算，增加了计算的复杂性。

4.3.3.3.2 公式法

每一个弹性预算成本都可以运用如下公式来表示：

$$Y = a + bx \qquad (4\text{-}10)$$

式中，Y——弹性预算成本；

a——固定成本；

b——单位变动成本；

x——业务量。

因此，只需要在弹性预算中列出a（固定成本）和b（单位变动成本）即可进行计算。该公式可用于计算任何业务量x在任何时间的弹性预算成本Y。需要注意的是，只有用数学方法将阶梯成本和曲线成本修正为直线后才能用公式$Y = a + bx$表示弹性预算成本。如有必要，可以附注说明当业务量变化到一定范围时，需要采用不同的固定成本金额和单位变动成本金额。

4.3.4 弹性预算的运用

预算是企业战略计划的一个组成部分，它的根本目的在于保证战略目标完成。在企业生产经营初期，弹性预算主要用于控制成本支出，为控制成本提供必要的数据依据；在企业生产经营期末，弹性预算主要用于考核和评价实际成本。

4.3.4.1 控制支出

成本支出后是不可以挽回的，所以要事先提出成本限额，在限额内进行花费，有效地控制支出。按照预算和每个月的生产计划可以确定每一个月的成本限额，但此限额并不十分精准，因此可以在运用多水平法时选用和计划业务水准最相近的一组成本数据，来控制成本限额。按照业务量计算成本数额需要运用公式法，并制作报表作为控制成本的参考依据。

4.3.4.2 评价和考核成本控制业绩

在每一个企业生产经营期末时，都要制作一份成本控制情况的报告，进而对每一个部门的成本预算进行考核和评价。

第5章　企业成本管理与经济效益

随着社会主义市场经济的发展和现代企业制度的逐步建立与完善，成本管理与经济效益成为现代企业非常关注的问题，因此非常具有研究意义。

5.1　企业成本效益理论

以往的成本管理主要是从节约成本、减少不必要支出方面入手。在过去的经济规划中，产品一般都是统一进购、统一营销，所以企业的收入与生产呈正比。因此，企业要想增加经济效益，通常会选择降低成本。如今，社会主义市场经济发展得越来越快，买方市场逐渐转变为卖方市场，企业如果仍一味地降低成本，只会导致经济效益越来越低。因此，企业现在需要从成本管理整体入手，关注产品能否在市场获取利润。在现在市场竞争如此激烈的环境下，企业首先要考虑的问题是在适应环境的同时获取相应的利润。企业管理者应该努力适应当前的社会主义市场经济环境，并做出相应的举措，完善管理制度，实现由传统观念向现代观念的转变。此外，企业也应该注重市场需求，生产质量高、价格低、功能完善的产品，只有这样企业才能获取更多的利润。

企业在进行成本管理时，应以成本效益观念为基本思想，做好投入和产出之间的分析工作，有效地控制投入成本。也就是说，要尽可能地减少企业的投入，创造更多的经济效益，使企业获得更大的利润。需要注意的是，尽可能减少投入并不是一味地降低成本，而是运用成本效益观念对落后产品进行改进和创新、对落后技术进行改造和创新等。虽然进行产品创新、技术创新会增加一定的成本费用，但从长远来看，创新能够提高产品在市场的占有率，获得更大的经济效益；企业对产品进行宣传推广虽然不可避免地会增加成本费用，但是可以给企业带来更大的经济效益；引进新设备虽然需要增加支出，但是却可以节省设备维修费用，进而使企业的经济效益最大化；改进产品以及产品检验，虽然会增加企业支出，但是能够提高企业的竞争能力。这种成本增加是符合成本管理的要求的，与成本效益观念也相吻合，通俗点说，这体现了"花钱是为了省钱"的成本管理理念。

总的来说，在现代化社会主义市场经济环境的影响下，企业应该对比产出与收入的关系，研究成本与效益之前的关系，使企业经济效益最大化。

5.1.1　成本效益分析

成本效益分析是一种比较成本和效益之间的关系的方法。这种方法将成本分析法包括在内，可以达到以最小成本获取最大经济效益的目的。

成本效益分析首次出现是在19世纪法国经济学家朱乐斯·帕帕特（Jules Dupuit）的著作中。之后，这一概念被意大利经济学家帕累托（Vilfredo Pareto）重新定义。1940年，美国经济学家尼古拉斯·卡尔德（Nicolas Calder）和约翰·希克斯（John Hicks）对这一概念进行了完善，提出了成本效益分析理论，并将其运用于企业以及政府的各项工作中。最著名的例子就是1939年美国的洪水控制方案。随着社会发展，政府投资项目越来越多，人们也越来越重视投资，需要有一种方法来对成本收益进行分析。因此，成本效益分析得到了广泛的应用，并在世界范围内传播开来。

5.1.2　成本效益分析的步骤

成本效益分析的步骤如下。

①首先确定产品或者意向项目的成本。

②分析利润收益情况。

③确定需要的资金。

④编制相应的支出收入表。

⑤评估风险收益情况。

5.1.3 成本效益分析的内容

下面将以水煤浆为例对成本效益进行解读。

5.1.3.1 直接经济效益

用1.8～2.2吨水煤浆代替1吨重油，1吨水煤浆到厂价为750～850元，而1吨重油价格在3 000元以上，使用4吨水煤浆的价格相当于使用1吨重油，直接经济效益十分可观。

5.1.3.2 节能效益

水煤浆燃烧效率高（95%～98%以上），燃烧系统（密闭储存、运输）损耗低，燃烧控制方便，负荷调节范围大，节能效果显著。水煤浆具有低负荷稳燃性能和调节能力，可节能20%左右。

5.1.3.3 环境效益

水煤浆由洗选后的精煤制成，灰、硫等有害物质远低于常规动力煤和其他工业用煤。水煤浆的燃点比燃油和燃煤粉低，可大大减少SO_2的析出和NO_3的生成，减少污染物的排放。

5.1.3.4 安全效益

水煤浆运输、储存和泵送的过程基本是在常温全密封的状态下进行的，相对于易燃、易爆的燃油和煤粉来说，其安全性有很大的保障。

5.1.3.5 效率效益

同燃油相比，水煤浆在存储方面更简单、安全、可靠、便于管理，可节省大量的人力、物力和财力，提高生产效率。

5.1.3.6 场地效益

工业锅炉需占用较大面积的土地，并且灰场二次扬尘还会对大气造成污染；而燃用水煤浆的灰分在7%以下，且占地面积小，仅为燃煤灰场的25%。

5.2 企业战略成本

随着社会经济环境的发展以及高新技术和科学管理的不断创新，现代成本管理的范围日益扩大。传统的成本管理范围主要是企业内部的生产经营过程，而对供应与销售环节则考虑不周，对于企业外部价值更是视而不见，导致企业未能形成全面的发展竞争战略。对于处于现代市场经济环境中的我国企业来说，要注意企业外部环境的影响，要把企业成本管理问题放在整个市场环境中进行全面的考虑，树立战略成本的理念。

战略成本管理的形成和发展是现代市场经济和竞争的必然结果。近二十年来，企业市场环境发生了剧烈的变化，全球性竞争日益激烈，为了适应这种竞争，战略成本应运而生。不言而喻，成本是决定企业产品或服务能否在竞争中胜出的关键因素，而影响成本的核心因素是企业的战略成本，而非传统的经营成本。

实施战略成本管理有利于更新成本管理的理念。在传统的成本管理中，成本管理的目标被归结为降低成本，而节约是降低成本的基本手段。在成本管理中，将节约作为一种手段是不容置疑的，但它不是唯一的手段。现代成本管理的目标应该是以尽可能少的成本支出，获得尽可能多的使用价值，从而为赚取利润提供基础，提高成本效益。从战略成本管理的视角出发分析成本管理的降低成本的目标，不难发现，成本降低受一定条件的限制，一旦超出条件控制成本费用，可能会导致产品质量和企业经济效益下降。可以说，企业在市场上取得竞争优势取决于以同样的成本为顾客提供更优的使用价值，或以较低的成本提供相同的使用价值。企业采用何种成本战略，取决于企业整体的经营战略和竞争战略，而成本管理必须为企业整体经营管理服务。

战略成本管理的研究与实施，有利于改善和加强企业经营管理。在现代企业管理实践中，许多公司都设立了研究开发部、战略研究部等企业战略研究机构，但是这些部门在实际的生产经营活动中更多地着眼于战略经营、战略管理方面，较少涉及战略成本管理。企业管理是一个完整的系统，战略成本管理是其中不可缺少的部分，如何正确引进和运用战略成本管理是我国企业在进行成本管理时值得深思的问题。

在现代成本管理中，战略成本管理占有十分重要的地位，它突破了传统成本管理把成本局限在微观层面上的研究领域的限制，把重心转向企业整体战略这一更为广阔的研究领域，如生产关联、采购关联、技术关联、竞争对手关联的成本分析等，这有利于企业进行正确的成本预测、决策，从而制定正确的企业经营战略，正确处理企业发展与加强成本管理之间的关系，提高企业整体经济效益。现代企业正面临国内和国际两个市场的竞争挑战，尤其是在信息时代和管理现代化的情况下，企业管理者应时时刻刻都要考虑战略问题。战略成本管理是企业管理者在综合考虑企业内外部环境相关因素的基础上，制定并实施达成目标的战略和一系列行动计划的过程。在市场经济条件下，我国企业在实施现代企业制度和实现可持续发展的过程中，应充分运用战略成本管理的思想。

2019年，全球经济形势不容乐观，许多企业为了提升经济效益、降低成本，开始控制开支，降低标准，甚至进行裁员等。

很多企业的财务管理人员并不清楚削减某项开支对企业业务及核心竞争力的重要程度，经常是在表面降低了成本，引起乱象一片，对业务造成了巨大的伤害。而企业的高层管理者则可以很好地把握这个问题。那么，如何在降低成本的同时确保企业的稳定性不受影响呢？实际上，企业在削减成本时，不应该对各种开支不加辨别，不能"不分青红皂白一刀切"。如果企业管理者盲目地把每一项看似多余的开支都削减掉，就会削弱企业的竞争力，进而影响到业务，结果得不偿失。因此，企业应从管理战略成本的角度出发来控制成本，避免出现损害决定企业核心价值的要素。

什么是战略成本管理？战略可以定义为确立企业的根本长期目标后，为实现目标而采取的必需的行动规划和资源配置，是指导全局的计划。战略成本管理即从战略角度来研究成本的形成与控制。在既定的行业战略方针下，在成本管理方面进行的战略性选择与设计，使企业提供产品和服务的成本降低，而不是在每一个环节上都实现成本最低。

战略成本管理主要包括两个层面的内容：一是从成本角度分析、选择和优化企业战略；二是对成本实施控制的战略。战略成本管理思想是对战略成本管理理论构架的概括与总结，是战略成本管理理论和方法体系展开的基本思路。

在当前经济形势下的成本管理，更需要遵循战略成本管理的思想，有选择地对成本进行削减。对于不重要的环节，企业可以大刀阔斧地进行削减；而对于企业核心竞争力的关键要素，企业不应排除扩大投入的可能。如此有的放矢地削减成本，既能降低成本，又不会危害企业的稳定性，是增强企业核心竞争力的理想选择。

5.2.1　战略成本管理的基本工具

战略成本管理有三大要素，即价值链分析、战略定位分析和成本动因分析。它们同时也是在战略管理的分析框架中与成本因素紧密相关的三个基本分析工具。

5.2.1.1　价值链分析法

从原材料投入直至产品到达消费者手中，需要经过许多相互联系的作业环节。这些作业环节既是产品生产的过程，又是价值形成和增值的过程。价值链分析具体可分为行业价值链分析、企业价值链分析和竞争对手价值链分析。通过对行业价值链进行分析，可以准确定位企业在行业中的位置，了解行业的现状与前景；通过对自身价值链进行分析，可以消除不增值因素，在不影响竞争力的前提下降低成本；通过对竞争对手价值链进行分析，则可以知己知彼，洞察全局，并由此形成企业成本管理的各种战略。

5.2.1.2　战略定位分析法

战略定位是指企业如何选择竞争手段与对手抗衡。首先，企业要对自身的内外部环境进行详细的调查分析；其次，确定企业进入的行业、适合立足的市场以及需开发的产品；最后，确定以何种战略保证企业在所选择的行业、市场和产品中站稳脚跟，击败对手，获取行业平均水平以上的利润。例如，成本领先战略是诸多战略中最为明确的一种。在这种战略的指导下，企业的目标是成为产业中的低成本生产厂商，也就是在提供的产品（服务）的功能、质量差别不大的条件下，努力降低成本，取得竞争优势。如果企业能够创造和维持全面的成本领先地位，只要将价格控制在行业平均或接近平均的水平，就能获取优于平均水平的经营业绩。

差异领先战略要求企业就客户广泛重视的方面在产业内独树一帜，或在成本差距难以进一步拉大的情况下，生产比竞争对手功能更强、质量更优、服务更好的产品以彰显差异。如果企业能获得差异领先地位，就可以实现价格溢价，或在同样的价格下出售更多的产品，或在周期性、季节性市场萎缩期间获得如买方忠诚等相应的利益。也就是说，差异领先战略的逻辑要求企业选择那些有利于竞争的并能使自己的经营独具特色的方面进行创新。除此之外，其他常见的战略定位还有目标集聚战略、生命周期战略和整合战略等。

5.2.1.3 成本动因分析法

成本动因是指引起产品成本产生的推动力和原因。战略成本动因主要是站在战略成本管理的角度来研究对企业的成本结构和成本行为产生长期影响的成本驱动因素。企业竞争战略理论的提出者是管理学家迈克尔·波特（Michael Porter），他将这些因素归纳为规模经济、学习曲线、生产能力、利用形式、相互关系、时机选择、自主政策、地理位置和政体因素。此外，还有学者进一步将战略成本动因划分为结构性成本动因和执行性成本动因两类。结构性成本控制有一些成功案例，如美国西南航空公司为了应对激烈的竞争，将其服务定位在特定航线而非全面航线的短途飞行，避免从事大型机场业务，采取取消用餐、定座等特殊服务，以及构建自动售票系统等措施来降低成本。结果该公司每日出发的众多航班与低廉的价格吸引了众多的短程旅行者，最终建立了成本优势。

5.2.2 战略成本管理案例分析

如前文所述，战略成本管理有两个层面：一个是提高运作效率和控制成本的技术与技巧，另一个是从成本的角度优化企业战略。第一个途径是成本管理和成本控制层面的目标和职责，体现在具体执行环节；第二个途径是成本战略的优化，是企业要考虑的整体战略。

5.2.2.1　价值链战略整合降低成本

诺基亚在北京市的生产基地星网工业园（诺基亚工业园区）有150万 m^2，而诺基亚公司的占地只有10万 m^2，而将其余的140万 m^2分给了诺基亚的上游供应商。

在过去，诺基亚安排生产工厂进货的间隔是6个小时，但是经常出现断货的情况。例如，从机场运货到公司的汽车半路抛锚，或者飞机晚点以及没有及时清关出港等不可抗因素导致断货的情况时常发生。为减少这种情况，诺基亚专门在工厂内部开辟出3 000 m^2的临时周转库，导致了成本的增加。但是，工业园建成后，送货时间缩短为每两小时一次，极少出现断货的情况。所有的主要物料基本上都在工业园内用电瓶车运送，不再需要临时周转库，极大地节省了成本。此外，工业园内设置了统一的第三方物流中心，所有供应商都使用统一的计划协调信息平台，并且与海关联网监管。其效率之高、成本之低是前所未有的。

诺基亚对产业链的战略调整，使物流成本产生了新的可降低空间。这也说明，战略与成本相互配合，印证了未来的竞争不是企业之间的竞争，而是产业链竞争的观点。通过价值链的战略调整，不仅降低了运营成本，同时也提高了对消费者的响应速度，实现了规模经济。这些都为提升企业竞争力带来了巨大空间。

5.2.2.2　战略资源控制降低成本

手机行业属于电子消费行业，当有消费热点出现时很容易出现热销的情况。例如，当年的摄像手机、音乐手机等的热销造成了相应元器件的短缺，同时也造成了其价格飞涨，很多手机生产企业甚至因此停产或者减少生产计划。在这种情况下，采购量的大小是决定企业战略成本管理的关键。诺基亚公司2005年给其供应商的采购量是2亿部手机的零部件，而很多手机厂商的手机产量难以与之匹敌。采购价格是成本中很重要的部分，相同供应商对不同企业的供货价格也会有所不同，而诺基亚公司通过战略配合所达到的影响和控制供应商的能力足以将成本控制到竞争对手无法想象的程度。

诺基亚从战略的角度对采购成本进行了控制，如对于产品中很多通用的、标准化的部件，采用定点多家采购的方式，将采购与战略成本管理相结合。

5.2.2.3 标准化带来的低成本

诺基亚公司每一款手机的充电线头、耳机、插孔、电池、软件等都是通用的，甚至手机内部的部分零件也是通用的，极大地方便了用户的使用。这种标准化和高度集成化使一部手机里面使用的零部件个数控制在300个以内，而大部分手机厂商的零部件个数超过了800个，各种型号的手机的零件种类要超过2 000种。每增加一个零部件就意味着要增加一个供应商和物料编码，同时增加了财务处理的复杂程度和存储的难度，导致了盘点的工作量大，最终造成成本的增加。

那么，诺基亚是如何实现高品质标准化的呢？诺基亚每年在研发方面的投入占销售额的10%。要知道，研发方面的巨额投入不仅能够增强企业的竞争能力、创新能力，同时还能改善零部件集成度、材料成本和结构。研发环节需要做大量的工作来使元器件、配件、性能指标等达到标准化，为提升质量和效率打下了基础，最终实现高品质的标准化。

标准化可以极大地促进成本节省，要在战略层面上制定成本管理实施策略，并严格执行。

5.2.3 战略成本管理与传统成本管理的异同

由前文可以得知，战略成本管理是全方位、多维度的成本管理，具有"成本维持"和"成本改善"两种执行形式，可以从源头控制成本。另外，在产品的设计与研发阶段，为控制成本，应尽力设计满足目标成本要求且具有竞争力的产品。

战略成本管理的核心思想并非仅降低成本，而是获得更高的利润，建立和保持企业的长期竞争优势。

5.2.4 战略成本管理的实施

当有了战略成本管理的意识和需求之后，具体的实施成为关键。战略成本管理的实施是一项长期工作，其实施可以按照以下四个步骤进行。

①进行成本诊断，找出实施重点。具体包括广泛收集有关成本的事实数

据，并以此为基础对后续阶段评估的重点进行假设，以及深入了解各个重点部分中的"成本驱动—价值创造"关系。通过上述工作可以了解哪些因素在驱动成本变化，同时又创造了什么价值。

②进行深入分析，鉴别可以控制成本的机会。企业可以选取一些目标进行比较研究，进而找出成本差异和并提出改进的措施。

③找出解决方案。应当明确如何对成本进行有效的控制，以确保成本控制不会损害客户和股东的利益。

④选择最佳方案。制定收效显著的最佳方案并立即实施，从而为其他成本管理提供动力和资金支持。

通过以上四个步骤的实施，战略成本管理的效果也随之显现。当然，战略成本管理是一项长期工作而非阶段性工作，需要谨慎对待，在确保成本控制的同时不会影响企业的核心竞争力，遵循战略成本管理的思维并进行整合变革，最终促进企业的长远发展。

5.2.5　进一步控制成本的措施

随着我国社会主义市场经济体制的逐步完善，企业越来越意识到，在生存与发展的竞争中，成本管理的作用举足轻重，进一步控制成本的措施也至关重要。

5.2.5.1　减少目标不明确的项目和任务

确立企业目标后，每个项目及任务都应为实现目标服务。通过项目立项分析，减少目标不明确的项目与任务。

5.2.5.2　明确各部门的成本任务，实行全员成本管理

实行全员成本管理的具体做法是先对各项费用的最高限额进行成本预算，然后将成本任务横向分解落实到各部门，纵向分解落实到小组与个人，并与奖惩挂钩，使责、权、利统一，最终在整个企业内建成纵横交错的目标成本管理体系。

5.2.5.3 成本核算，实行精细化管理

成本控制计划应包括可控费用（如人事、水电、包装、耗材等）和不可控费用（如固定资产折旧、原料采购、利息、销售费用等），并由财务在每月、每季度汇总后发到管理者的手中，超支和异常的数据需要用红色特别标识。在月底的总结会议中，相关部门需要对超支的部分做出解释。为了使员工树立成本意识，企业可以编写《流程与成本控制手册》，从原材料、电、水、印刷用品、劳保用品、电话、办公用品、设备和其他易耗品等方面，提出控制成本的方法。

5.2.5.4 成本管理的"提前"和"延伸"

"提前"就是加大技术投资，控制采购成本；"延伸"就是将上下游整合起来。当今的市场竞争不仅是企业实力的竞争、人才的竞争、产品和服务质量的竞争，也是成本的竞争。在确保产品质量的前提下，降低成本是企业逐步扩大市场份额的重点，是提高企业经济效益的基础。企业管理者要转变传统的成本控制观念，根据企业的实际情况，充分运用先进的成本控制方法来提高企业的竞争力。

5.2.5.5 以外包服务实现效能最大化

随着国际及我国对新产品报批监管的进一步加强，企业的研发成本不断增加，研发风险不断扩大；《中华人民共和国劳动法》的深入实施也使原材料和劳动力的成本持续升高；消费者的自我保护意识进一步加强，国家监管力度的持续加强使企业的危机应对成本逐年上升。

以医药企业为例，我国的医药企业普遍存在配送成本高、销售环节多、销售手段单一等问题，这些问题导致销售成本居高不下。因此，成本管理是医药企业的一大难题，无论企业是拥有独家的高附加值新特药，还是拥有以价格取胜的普通药，如果企业不重视成本管理，必然会被市场淘汰。当然，目前我国医药产业的竞争还没有真正上升到产业链的全面竞争层面，多数企业都通过各种方式寻求价值链的整合以提高竞争能力。作者认为，价值链整合不见得是医药企业的明智选择，随着竞争越来越激烈，一旦价值链中的某个环节出现失

误，实施价值链整合战略的企业将会很容易被拖垮。因此，医药企业应该专注于自身核心能力的发展，将非高附加值的部分产业外包出去。这种方法在汽车产业非常常见，如将汽车设计、配件生产、销售店都外包出去，汽车厂家仅负责组装和品牌运作。医药企业也可以沿着这条道路发展。

5.3 企业成本计算

成本计算是成本会计工作的中心和成本管理的基础，其在企业财务管理活动中具有十分重要的地位。

传统的成本计算包括以汇总、分配、再汇总等形式进行的产品制造成本计算，以及以标准成本为核心手段的成本预算。而在现代成本管理中，成本计算无论是形式还是内容的发展都十分迅速。西方发达国家在进行了多年研究之后，得出了一些与传统的成本计算不同的成本计算方法，如前文提到的作业成本法。利用作业成本法，可以得到更准确、更真实的成本信息，因此作业成本法得到了广泛的应用。除此之外，目标成本法也在企业成本控制中得到了广泛的应用。下面将对这两种成本计算方法进行介绍。

5.3.1 作业成本法

作业成本法是一种将作业作为核算的对象，根据成本动因计量和确定作业量，然后根据作业量分配间接费用的成本计算方法。间接成本或间接成本分配在传统的成本核算体系下的真实性有待商榷，因此提出了作业成本法。在传统的成本核算体系下，间接成本或间接成本分配通常是按照人工小时或者机器台时进行分配的。虽然这种分配方法曾经发挥过作用，但是只能被用于间接成本金额较小和产品品种较少的情况，而且一般不会对产品成本水平产生较大的影响。在现代企业制度下，由于企业生产的产品种类繁多，很难准确判断人工工时和机器台时，而且间接成本和间接费用往往较高，很难实现合理分配。在作业成本法下，成本归属基于因果关系，间接成本和间接费用不会直接在产品之间分配，而是在作业项之间分配。该方法反映了成本分配的因果关系，可以提高作业成本甚至是产品成本的计算精度。

作业成本可以分为四个层次，如图5-1所示。

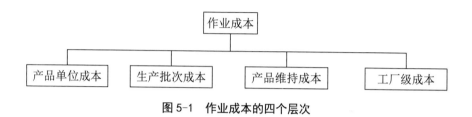

图 5-1　作业成本的四个层次

一是产品单位成本。产品单位成本是指与生产单位产品有关的直接成本，包括原材料成本和直接人工成本。这一层次的作业成本与产品的产量呈正比。

二是生产批次成本。生产批次成本是指生产批次和包装批次方面的资源消耗，如生产批次所需的生产准备成本、清洗成本、质量成本等。生产批次成本由生产批次的数量决定。

三是产品维持成本。产品维持成本是指与产品类型相关的资源消耗，如获得产品生产许可证、包装设计等方面的成本。产品维持成本由产品的范围及复杂程度决定。

四是工厂级成本。工厂级成本是与企业维持生产的能力相关的资源成本，如折旧、安全检查、保险等方面的成本。工厂级成本由企业的规模和组织结构决定。

作业成本的概念加深了人们对成本的认识。在传统的成本理论中，成本是企业在生产经营过程中所花费的所有资金的总和，是对象化之后的费用。传统成本理论中的成本概念虽然反映了成本的经济本质（价值耗费）和经济形式（货币资金），但是它并没有反映出成本的动态形成过程。作业成本法有效地弥补了传统成本理论的不足。作业成本法将企业的生产经营过程描述为旨在满足客户需求的一系列作业，其中作业成本的转移过程就是价值在企业内部逐步积累和转移，最终成为转移给客户的总价值（即最终产品的成本）的过程。作业成本法利用作业，使产品成本的形成与费用的发生相连，生动地展示了成本的动态形成过程，完善了成本的概念，使人们对成本产生了更加深入的了解。

相较于传统成本体系，作业成本法是一种更合理的间接成本分配方法。作业成本法首先会将各个作业中心消耗的所有资源进行汇总，然后根据各个作业中心的作业动因将各个作业中心的成本分摊到每个产品。总而言之，作业成本法使用各种标准，利用不同的作业动因为不同的作业中心分配间接费用。而传统的成本体系只使用单一的标准来分配成本费用，不能准确地反映不同的技术因素对成本的不同影响。

作业成本法认为，直接成本和间接成本都是产品作业消耗的成本，应当受到同等对待。作业成本法确认和分配直接成本的方式与传统成本体系相比没有任何区别，而确认和分配间接成本时则遵循了作业成本动因的多样化分配准则，大大提高了成本的可归属性。因此，就生产费用分配的准确性而言，作业成本法计算出的成本信息与传统成本体系相比更加准确、真实、客观。从成本管理的角度出发，基于作业的作业成本法侧重于成本发生的原因和结果，并通过跟踪所有作业的动态更好地发挥计划、决策和控制的作用，以促使现代成本管理持续改进。

5.3.2 目标成本法

目前，目标成本法已经成为成本计算的主力军，并发挥着越来越重要的作用。从目标成本法的利用目的可以发现，目标成本法并不局限于产品成本目标，它还可以用于开发准备、确认设计制造政策、生产准备、物流和定价等方面。目标成本法的计算基础从财务会计基础转变为管理会计基础；计算对象从产品或部件等实物对象扩展到抽象的功能对象；计算内容除全部成本和平均成本之外，还包括部分成本和增量成本。在计算方法方面，目标成本法不仅可以使用逐项加计各个成本要素的方法，也可以选择划分成本要素的方法，按照成本要素的物理特性逐一进行理论、统计分析和估算。目标成本计算法通常贯穿从产品研发到销售的所有阶段，是现代成本管理的重要组成部分。

总而言之，企业为了适应市场经济环境，必须改进成本计算方法，获得更加准确的成本信息，从而提升企业的市场竞争力，使企业获得更多的经济效益。

5.4 企业成本动因观念

成本动因是导致成本发生的各种因素，即成本驱动因素。企业必须深入地了解成本发生的原因，才能有效地控制成本。传统的成本管理只关注有形成本动因，而忽略了无形成本动因。这是因为传统的成本管理认为，原材料、人工、制造成本等因素是构成成本的主要因素，而产品研发、市场开发、企业内部结构调整等都与成本管理的关系不大。实际上，传统的成本管理重视的某些有形成本动因并不会影响成本，反而一些传统的成本管理不重视的因素，如企业的规模、企业的地理位置、产品的复杂性、车间的布局、存货的内部转移和企业的管理系统等却可以对产品成本造成很大的影响。这些因素的形成需要长期的积累，而且一旦形成之后很难发生改变，因此更应从战略成本的角度进行综合考虑。国外研究表明，在产品投入生产前，有85%的产品成本已经成为约束成本。也就是说，影响企业成本的关键因素实际上是一些结构性成本动因和实施性成本动因，传统成本管理理论关注的有形成本动因只占总成本的15%。

在传统的成本管理中，计算对象是企业生产的各种最终产品，因此成品动因往往被归结于生产数量。对于生产单一产品的企业而言，生产数量可以用产品的单位数量来衡量；而对于生产多种产品的企业而言，直接劳动时间或直接劳动工资通常被用来代替生产数量。可以肯定的是，在劳动高度密集的生产过程中，用直接劳动时间或直接劳动工资代替生产数量这种成本动因的假设不会显著地扭曲产品成本。因为生产过程中所涉及的主要成本，即直接材料成本和直接人工成本，两者的耗费都与产品数量直接相关。而制造费用是与生产时间有关的间接费用（主要包括电话机器设备的折旧费、动力费和其他机器设备相关的费用），按直接人工工时或直接人工工资分配也较合理。至于期间费用常常被认为只与发生期间相关，不分配计入产品成本，只是直接冲减当期利润。

但在高度自动化的现代制造过程中，直接人工成本的比重日益降低，仅占生产成本的5%～10%，而与自动化紧密相关的机器折旧费、动力费等需要分配计入不同产品的间接费用又大幅度增加。在这种情况下，如果仍以直接人工工时或直接人工工资的比例来分配这些不断增加的间接费用，会使产品成本严重失真。显然，现代企业产品中的科技含量的增加，使产品的制造成本并不仅仅与生产数量直接相关。如果还按照传统方法来计算产品成本，会高估低科技含量产品的成本，而低估高科技含量产品的成本。而成本计算的错误会导致生产决策的错误，这对企业来说足以致命。

因此，在以计算机技术为代表的高科技迅猛发展的今天，有必要按成本管理观点将传统的单一的数量动因扩展为一系列的成本动因，通过对各种成本动因和相关成本之间的关系进行分析，将单一标准的分配改为按成本动因的多标准分配，从而正确地分配各项间接费用，正确地计算产品成本，最终清晰地揭示哪些产品具有有效的盈利能力。特别是传统成本管理不重视的一些无形的成本动因，如企业的规模产品开发、市场开拓、内部结构调整、厂房的布局规划等，都会对产品成本产生很大的影响，因此更应从战略成本的角度予以考虑。

另外，通过进一步分析可以发现，除驱动成本的客观因素之外，成本也会受到人为主观动因的驱动，正因为人具有很强的能动性，人为主观动因也是驱动企业成本的一个重要因素。例如，职工的成本管理意识、综合素质、集体意识、工作态度和责任感、工人之间以及工人与领导之间的人际关系等，都是影响企业成本的主观因素，因而也可将其视为成本的驱动因素。从成本控制角度来看，人为主观动因具有巨大的潜力。实践表明，责任会计对成本中心、可控成本、责任成本的研究分析对于改善企业成本管理工作有积极的现实意义。

通过对成本主观动因的研究分析，可进一步启发企业在现代企业管理中的一些新思路、新观念。例如，企业可以将成本控制意识作为企业文化的一部分，对企业全体员工进行培育，使企业各级管理人员及全体员工充分认识到企业成本降低的可能性，每个职工都应对成本管理和控制予以足够的重视。

总而言之，在现代企业成本管理的工作中，应树立基于多动因理论成本管理观念。企业不仅要重视有形动因，还应该重视无形动因；不仅要注重驱动成本的客观因素，而且要注重主观因素。这种建立在成本分析基础上的成本管理观念，可启发企业成本管理产生新的有效举措。

5.4.1　成本的系统管理观念

在改革开放前，受计划经济观念的影响，企业在成本管理中往往只注重生产成本的管理，而忽视其他方面的成本分析与研究，这种成本管理观念远远不能适应社会主义市场经济环境的要求。在社会主义市场经济环境下，企业应树立成本的系统管理观念，将企业的成本管理工作视为一项系统工程，强调整体与全局，对企业成本管理的对象、内容、方法进行全方位的分析研究。

①为使企业产品在市场上更具竞争力，企业成本管理就不能再局限于产品的生产（制造）过程，而是应该将视野向前延伸到产品的市场需求分析、相关技术的发展态势分析以及产品的设计，向后延伸到顾客的使用、维修及处置。按照成本全程管理的要求，成本管理涉及产品的信息来源成本、技术成本、后勤成本、生产成本、库存成本、销售成本、对顾客的维护成本、售后处理成本等成本范畴。对所有这些成本内容都应以严格、细致的科学手段进行管理，以增强产品在市场中的竞争力，使企业在激烈的市场竞争中立于不败之地。

②随着社会主义市场经济的发展，非物质产品日趋商品化。为与此相适应，成本管理的内涵也应由物质产品成本扩展到非物质产品成本，如人力资源成本、资本成本、服务成本、产权成本、环境成本等。

③在社会主义市场经济条件下，企业管理的重心应由企业内部转向企业外部，由重生产管理转向重经营决策管理。此外，研究分析各种决策成本也成为企业成本管理的一项至关重要的内容，如相关成本、差量成本、机会成本、边际成本、付现成本、重置成本、可避免成本、可递延成本、未来成本等。在现代企业成本管理中，重视和加强对这些管理决策成本范畴的研究分析，可以避免决策失误给企业带来的巨大损失，为保证企业做出最优决策、获取最佳经济效益提供基础。

5.4.2　无形成本动因与企业竞争优势

传统成本管理中所确认的成本动因大多是有形的、可量化的，如生产数量、生产准备次数和生产小时数等。其实，在企业生产开始之前就已有约束产品成本的无形的、非量化的成本动因，如企业的规模、整合程度、地理位置、厂房的布局规划、企业管理制度等。据国外的研究表明，有形产品动因对产品成本的影响仅占15％，无形产品动因却占了85％。

在传统的计划经济体制下，产品实行统购统销制度，企业的产出等于企业的收入，降低产品成本就意味着增加企业的经济效益。因此，企业把降低产品生产成本作为决定其生存和发展的重要因素，把重点放在对生产过程的个别环节和方面，即注重微观层次的成本控制。在传统成本管理的观念中，往往将生产数量和生产中的物耗作为主要成本动因。

然而，在社会主义市场经济体制下，竞争越来越激烈，企业为了争夺市场以及生存和发展的空间，必须对环境进行深入的分析，采用新的管理方式，将管理活动提高到战略层次，将成本管理引入企业战略，并与之融合，形成战略成本管理。战略成本管理的核心是寻求企业的竞争优势，企业为了保持其竞争优势，必须以全局为对象，将企业内部结构和外部环境结合起来，通过辨别每项活动的成本动因，特别是无形成本动因，有的放矢地进行有效的成本控制。

罗宾·库珀（Robin Cooper）和罗伯特·卡普兰（Robert Kaplan）教授曾于1987年提出了"成本驱动因素"，即成本动因理论，为战略成本管理的实施奠定了十分有力的理论基础。他们认为战略成本管理是要把间接成本与隐藏其后的推动力联系起来。这种隐藏在间接成本之后的推动力，就是他们所称的"成本动因"。尽管目前对成本动因的一般定义已达成共识，但在传统的成本管理中，有形成本动因往往被认为是主要的成本动因。事实上，如果企业以更宽广的视野来看待影响成本的因素就会发现，一些有形成本动因并不是影响企业成本的最主要的因素，而无形成本动因却对企业成本影响很大，因而更需要从战略成本管理层面上予以综合考虑。

根据成本动因的基本含义，成本动因可分为微观层次和战略层次。

①微观层次是与企业具体生产作业相关的成本动因，如作业量、物耗等生产经营性成本动因。

②战略（宏观）层次上的成本动因，如规模、技术多样性、质量管理等经营战略性成本动因，这类成本动因大多是无形的。

无形成本动因主要是从企业整体战略这一宏观角度出发来考虑的，也就是战略成本动因。在战略成本管理方式下，成本动因的分析超出了传统成本分析的狭隘范围（企业内部、责任中心）和少量因素（产量、物耗），而代之以更宽广的、与战略相结合的方式来分析成本动因。战略成本管理所注重的无形成本动因，恰恰是传统成本管理所忽视的。

无形成本动因具有以下特点。

①与企业的战略密切相关。

②形成时间较长，且一旦形成很难改变。

③对产品成本的影响更长期、更持久、更深远。

④对成本的影响比重比较大，可塑性也大。

可见，无形成本动因是影响企业成本的关键因素。以无形成本动因作为突破口进行战略成本管理，不仅可以解决企业日常经营中大量潜在的成本问题，而且还有利于企业取得持久的竞争优势。

美国学者瑞利（Riley）将无形战略成本动因分为结构性成本动因与执行性成本动因。

一是结构性成本动因。结构性成本动因是指决定企业基础经济结构的成本动因。它往往发生在生产开始之前，不仅决定了企业的产品成本，而且也会对企业的产品质量、人力资源、财务、生产经营等方面产生极其重要的影响。

结构性成本动因通常包括以下几点。

①规模经济

一般来说，在价值链活动规模较大时，活动的效率较高，成本动因分摊于较大规模的业务量而使单位成本降低，即增加使用企业共享资源的规模和频率，可以降低产品成本。

②整合程度

整合是指企业为了让自己的业务领域更广泛、更直接，将企业的业务流向向两端延伸。例如，生产商直接销售、零部件内制、与原材料供应商联营等。加强整合能够增强企业的竞争优势。

③学习与溢出

企业价值链活动可以通过学习提高作业效率，从而使成本下降。学习效应在企业刚建立时会表现得非常突出，在企业发展成熟阶段可能不太明显。学习还存在一个溢出问题，即学习的成果可以通过咨询顾问、新闻媒体、供应商等渠道从一个企业流到另一个企业。需要注意的是，学习的溢出对保持成本优势至关重要。

④地理位置

由于地理位置几乎对所有价值活动的成本均有影响，所以要求企业在进行厂址的选择、工业布局活动中要慎重行事。

⑤技术

任何企业都需要用到大量的技术，先进的技术能为企业带来持久的成本优势。

对结构性成本动因而言，并不是程度越高越好，而是存在一个适度问题。单纯扩大规模和范围、采用高新技术、追求产品的多样化，对于一定环境下的企业而言，并非都有益处。例如，整合并非总是带来成本的降低，也可能会造成企业组织弹性的降低，丧失灵活性。又如，技术变革并非总能降低成本，在技术更新迅速、产品日新月异的行业，技术的先行采用者可能会因过早行动而面临所引用技术被迅速淘汰，陷入无力更新技术的窘境。由此可见，结构性成本动因分析就是分析以上各项成本驱动因素对价值链活动成本的直接影响以及它们之间的相互作用对价值链活动成本的影响。最终可归结为一个"选择"问题：企业应选择何等规模和范围、如何设定目标和总结学习经验、如何选择地理位置和技术等。这种选择能够决定企业的成本问题，是企业在经济结构层面的战略选择。

二是执行性成本动因。执行性成本动因是指与企业执行作业程序相关的成本驱动因素，它是在结构性成本动因决定以后才成立的。执行性成本动因可以反映出一个企业的业务和管理决策是如何运用资源去有效地达到企业的战略目标的。

执行性成本动因通常包括以下几点。

①生产能力运用模式

生产能力运用模式是指在既定工厂建设规模的前提下，为提高生产效率而采取的措施，如进行技术改造、采用先进的生产管理方法等。它主要通过固定成本影响企业的成本水平，当企业的生产能力利用率提高、产量上升时，单位产品的固定成本会相对减少，从而引起单位成本的降低。对于固定成本所占比重较大的企业而言，生产能力运用模式将对其产生重大的影响。

②联系

联系是指各项价值链活动之间的联系。这种联系可分为企业内部联系和垂直联系两类。企业内部各种价值链活动之间的联系普遍存在于整个价值链。垂直联系反映的是企业与供应商和销售渠道之间的相互依存关系。

③全面质量管理

全面质量管理要求从企业内部价值链形成的全过程，包括原材料采购、加工工序、产品设计开发乃至产品售后服务等方面进行质量管理，其宗旨是以最少的质量成本获得最优的产品质量。全面质量管理是一个重要的无形成本动因，它能给企业带来降低成本的重大机会。

④员工对企业的向心力

企业的行动是众多具体个人行动的总和。因而企业各部门的每一名员工都与成本直接相关。战略成本管理要求重视人的因素，强调以人为本、以人治物，充分组织、动员员工的积极性和创造力，提高员工对企业的向心力，从而达到充分降低成本、取得竞争优势的目的。

对执行性成本动因而言，一般认为程度越高越好。因为加强全员参与、进行全面质量管理和全面成本管理都对持续降低成本有利；提高生产能力利用效率、协调整个价值链等都会增加产出、提高效率。

从以上分析还可以看出，执行性成本动因与结构性成本动因有着不同的性质：结构性成本动因分析主要是解决决策层问题，因而，其所要求的战略性选择要达到"最优"；而执行性成本动因分析是在企业基础经济结构既定的情况下，提高各种生产执行性因素的能动性及优化它们之间的组合，从而降低价值链总成本，其所要求的战略性强化要达到"最佳"的效果目标。前者解决资源优化的问题，是前提；后者解决绩效提高的问题，是持续。

在传统成本管理方式下，分析有形成本动因的目的在于正确计算产品成本；在战略成本管理方式下，分析无形成本动因的目的在于创造竞争优势。

从无形成本动因着手来加强成本管理、创造企业竞争优势，正是战略成本管理的精髓所在。

在国外，无形成本动因已引起许多企业的普遍重视，以无形成本动因为突破口，创造企业竞争优势的例子举不胜举。例如，克莱斯勒（Chrysler）汽车公司在20世纪80年代中期以员工对企业的向心力这一无形成本动因为突破口，采用成本领先战略，要求员工降薪以达到降低成本，取得竞争优势的目的。又如，奔驰（Mercedes Benz）汽车公司以全面质量管理这一无形成本动因为突破口，采用差异领先战略，从而以提供高品质的汽车在激烈的市场竞争中取胜。

在国内，选择于自身有利的无形成本动因作为企业取得竞争优势的一项策略也逐步受到人们的重视。四川川投峨眉铁合金（集团）有限责任公司（以下简称"四川峨铁"）从规模经济和整合等无形成本动因着手，通过与嘉阳电厂和嘉阳煤矿等几家企业重组，从而发挥出整体效应。重组后的四川峨铁，占生产成本60％的电价大幅度降低，单位固定成本也大为降低，同时铁合金产量也实现了显著增长。四川峨铁重组价值链给企业带来的竞争优势在我国资产重组案例中具有典型的意义。

综上所述，无形成本动因不仅是战略成本管理的重要理论基础，而且对企业经营管理具有非常重要的现实意义。在战略成本管理方兴未艾的今天，确认和分析无形成本动因是务实和明智的。

第6章 成本控制在企业财务管理中的实际应用

成本控制在企业财务管理中占据非常重要的位置，也是达成企业战略目标的必经之路。本章结合成本控制的形式，阐述了成本控制对企业财务管理的重要性，并介绍了成本控制在企业财务管理中的应用，以期为广大企业提供参考。

6.1 成本控制的形式

6.1.1 成本控制标准确定的方法

成本控制必须贯穿企业生产经营的全过程，包括工厂建设和产品的设计、生产、销售的全过程。企业可以通过期货市场交易降低原材料、能源的进货成本，但是同时也要注意规避价格风险，保证企业能够正常地获取利润，做到价值耗费与收入相统一，即进行成本控制。要想实现成本控制的目标，企业必须确定相应的标准。确定标准的方法有很多，具体内容如下。

6.1.1.1 计划指标分解法

计划指标分解法是指按部门、单位、产品、工艺阶段或零部件，将大指标分解为小指标。若想分解得更加细致，还可以按工序进行分解。

6.1.1.2 预算法

预算法是指通过预算确定成本控制标准。例如，有的企业会根据季度生产销售计划进行短期（如月份）的费用开支预算，并将预算作为成本控制的标准。需要注意的是，采用这种方法进行预算必须从企业实际出发。

6.1.1.3　定额法

定额法是指明确定额和费用开支限额，并将其作为成本控制标准。在企业中，只要是能确定定额的地方，都应明确定额，如材料消耗定额、工时定额等。通过定额法进行成本控制具有具体化和常态化的特征。需要注意的是，在采用定额法确定成本控制标准之前，必须进行充分的调查研究和科学计算，还要协调成本指标与其他技术经济指标之间的关系（如成本与质量、生产效率之间的关系），保证成本控制以完成企业的总体目标为基础，使各个方面维持平衡，避免出现顾此失彼的片面性问题。

6.1.2　成本控制的程序

成本控制的程序如图6-1所示。

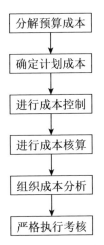

图 6-1　成本控制的程序

6.1.2.1　分解预算成本

为了使项目中标，预算成本需要根据批准的施工图预算确定。预算成本来自施工图预算中列出的价值分析和分类以及成本项目的会计内容。直接成本中的人工成本、材料成本和机器使用成本需要根据子项目的数量和预算的单价（配额）计算。直接和间接成本中的施工管理费用需要根据项目类型、收费依据和收费系数计算。

有专门用途的费用，如利润、间接费用、现金和劳动额测定费等，不包含在预算成本之内。但是，为了便于对比计算，也可以将它们作为独立的项目反映。

6.1.2.2 确定计划成本

在确定成本时要从两点出发考虑：一是预算成本，二是可能支出的计划成本。在根据预算成本确定计划成本之前，必须计算容量、利润、固定预算编制费和固定金额确定费是否足够支付。向客户收取的四项费用超过应向税务局、企业及有关部门缴纳的数额的，超出部分可以作为暂时性收入；四项费用低于应向税务局、企业及有关部门缴纳的数额的，可以作为暂时性收入，并且该金额或差额部分应用直接或间接费用补偿。

按照预算成本确定计划成本，主要是把不可控制的费用去除，然后将各成本项目的预算成本折合成每项成本项目的计划成本。

在确定了初步的计划成本后，还需要按照预算工程量、材料用量和实际人工单价、机械设备使用等因素确定可能支出的计划成本。

劳务支出的计划成本应以内部人员的预算总工作日和平均实际工作日工资为基础进行计算。劳务支出的计划成本也可以根据项目数量和单个项目劳动力支出的单价来计算。

材料支出的计划成本可以通过从预算材料支出中减去材料计划降低额来计算。材料计划降低额的计算可分为两个方面：第一，价格差异，即基于材料预算价格与市场采购价格之间的差额计算综合材料采购降低率，然后乘以材料预算费。第二，数量差异，首先根据过去的经验、采用的技术和方法计算可节约的主要材料数量比例，然后乘以主要材料的数量，即可计算得出主要材料数量差异的计划降低额。

机械使用费用支出的计划成本的预算，可分为两部分：一部分是利用自有机械的折旧大修费、机械修理费、操作人员的工资和奖金以及电费等，按照使用台数以及相关材料的经验进行预算；另一部分是使用器械租赁，然后根据需要所租赁的台数以及单价进行分类预算。

将预算成本确定的计划成本与可能支出确定的计划成本进行比较，然后进行相互修改。如果各成本子项目的金额不接近，就应该调整计划成本，即如果由预算成本确定的计划成本高于可能支出确定的计划成本，并且计划成本可能的支出是最终的计划成本，其超出部分可以弥补其他成本子项目的不足；如果由预算成本确定的计划成本低于可能支出确定的计划成本，则应找出原因，使成本差异从其他成本子项目的节余中得到弥补。如果无法得到弥补，则应从企业的利润中予以弥补。需要注意的是，这时需要向企业报告并申请减少相等数额的利润。

企业在确定计划成本时必须实事求是，由于市场经济条件下所包揽的项目工程几乎都存在压价的情况，要想使项目盈利，就必须要控制成本。但是成本支出费用并不是越低越好，由于实现质量目标对最低成本支出有要求，成本控制只能在一定的额度区间中进行。

在确定计划成本的同时，必须制订降低成本的措施和方法，从而提高降低成本的可能性。

6.1.2.3　进行成本控制

成本控制包含制度控制、定额或指标控制、合同控制等。

制度控制是指在成本支出的过程中，一定要严格执行国家、企业的相关制度，如财经制度、工资包干制度等。

定额或指标控制意味着为了控制项目成本，必须根据定额执行成本支出。若是没有定额，应根据同类项目的耗用情况，结合本项目的具体情况和节约要求，制订各项指标。根据物质耗用的实际情况，应在消费定额的基础上进行定额分配。

合同控制是指企业项目部为了达到降低成本的目的，按照已经确定的每个成本子项目的成本计划，与专门的管理者等签订合同，确立各个部门、各相关人员的成本管理责任制。

6.1.2.4 进行成本核算

成本核算是指要按照成本开支的范围，划清成本和非成本费用支出的界限，同时也要划清项目成本和期间费用的界限。

在实际成本中所耗用材料的数量，一定要以计算期内工程施工中的实际耗用数量为准，不能以领代耗。已领未耗用的材料，应及时办理退料手续；需下期继续使用的，应办理假退料手续。当耗用材料按照预算价格（计划价格）计算时，材料成本的差异应当与实际耗用材料成本共同计入每月的项目成本中，不得在季（年）末一次计算分配。

6.1.2.5 组织成本分析

项目部门根据月度成本项目进行成本分析，提出本月底累计项目实施总成本，逐项分析项目成本节约或超支的原因，然后根据成本分析报告，定期或不定期地进行项目成本分析，总结节约成本的经验，从成本超支中吸取教训，并为下个月的成本控制提供对策。

6.1.2.6 严格执行考核

项目完成后，项目收支的最终确定需要项目部门收集和整理相关的成本核算数据，根据企业的审计意见和企业签署的成本合同向公司报告。在项目建设的过程中要分阶段进行成本评估和奖惩，及时进行成本核算和信息反馈。

6.1.3 成本控制的关键

成本控制的最终目的就是为了取得经济效益，当产品的价格确定下来，成本就是影响经济效益的决定性因素。企业只有把握成本控制的关键，才能够提升利润空间。

6.1.3.1 计算口径一致

预算成本、计划成本和实际成本的计算范围、整体设置和计算口径，不仅要和财务制定规格、施工预算保持一致，还需要彼此相互保持一致。在每一个项目开工之前，企业要统一确定工程项目记录，以此来确定核算对象。核算对象确定之后，资料的记录、核算要统一、明确，便于相互对比、分析、考核。

6.1.3.2 终极目标明确

执行相关的成本开支范围、费用开支标准、项目预算定额等是项目成本控制的基本任务。制订一份合理的、积极的计划来降低成本，严格且准确地核算和控制各项成本，并且及时地提供可以参照的相关报告和资料，与计划成本进行比较，最终目标是通过对项目经济责任合同的审查，提升企业的经济效益，提高企业的成本管理水平。

6.1.4 成本费用控制措施分析——以制造企业为例

6.1.4.1 成本控制的基本步骤

成本控制大体上可以分为以下几步。

首先，制定一个成本控制标准，并建立标准体系。成本控制标准是各种支出和资源消耗的数量限制，成本控制标准有许多种，企业应该在实践中不断总结和梳理，最终建立一个有机的科学体系，以提高成本控制的实际效果。

然后，建立成本控制的责任和组织体系，建立过程中要求严格依据制定的成本控制标准进行监督和控制。成本控制不仅需要财务部门的参与，还需要在每一个费用发生点确立成本控制责任，并定期进行检查。

最后，根据所建立的成本控制信息进行反馈，及时、准确地将成本费用标准与实际成本费用控制的差异报告给企业决策层，以便及时采取措施，组织协调企业财务活动，顺利完成成本控制计划。

6.1.4.2 成本控制的相应措施

6.1.4.2.1 加强成本分析和核算

要想做好成本控制工作，就要加强成本分析和核算。

（1）区别材料采购过程中产生的辅助费用

原材料在采购过程中会产生各种辅助费用，如运输费、税金、入库前的挑选整理费用、运输中的合理损耗等，报关进口的原材料还会产生报关费用、保险费等。按照《企业会计准则》的规定，这些费用都需要计入原材料成本，但在实务中要进行区别对待，因为《企业会计准则》是在完全理想化的前提下展开论述的，而实际情况与假设前提大相径庭。

例如，在运输费、来料加工的报关进口材料的报关费、保险费等费用的处理过程中，贸易实务中单据传递不及时的现象时有发生，加上业务流程不规范、部门之间沟通不顺畅、财务人员不了解采购条款，通常是在采购材料入账一段时间后，运输费用单据才传递到财务部门。而且单据数据时常出现与合同不符的情况，这就需要不断对财务数据进行修改，大大影响工作效率。对于这类费用应单独设置费用项目，作为期间费用来核算。由于这类费用在原材料成本中的比重较小，这样处理可以不用经常修改原材料成本数据，简化会计处理，而且只要前后各期采用相同的处理方法，同一原材料的采购价格之间就具有可比性。

又如，在增值税的处理中，小规模纳税人由于采购原材料的增值税进项税额不能抵扣，该笔费用要计入原材料成本；而一般纳税人由于其进项税额可以抵扣，无须计入原材料成本。而在实际操作中，小规模纳税人会遇到没有取得增值税专用发票，而其进项税额又要计入原材料成本的情况。对于那些无法认定是否能抵扣的增值税进项税额，处理起来就比较困难。但确定的是，无论财务人员采用哪种处理方法，一定要保持前后各期一致。

（2）动力费用的处理

动力费用主要包括水费和电费。很多企业生产用水电、办公用水电、宿舍用水电和食堂用水电等共用一个水表或电表，这给成本核算带来了很大的困难。如果分表使用，则需要重新改造动力系统，不仅工程量大，且经济效益可能远小于为此而付出的代价。对于这个问题，可采用比例分摊法来处理水电费，但要保持前后各期一致。

（3）对可控和不可控成本费用进行划分

首先，在核算相对比较准确的情况下，才可以进行成本控制，这样的情况下成本分析才可能找出存在的问题，为企业财务管理指引明确的方向。所以，在设置会计科目时，要尽可能区分两者，这样有利于数据的分析、归集和控制。

其次，成本控制标准是支出是否合理的参考依据。因此，成本控制标准必须符合实际。成本控制标准可以基于成本的历史数据来进行衡量。但是，历史数据只是过去实际支出的费用，并不具有合理性，因此应对其进行详细的分析，根据可预测的变化调整支出的合理性和效率。

最后，领导层要高度重视和充分参与，增强员工的成本意识。成本控制是一项系统工程，需要各部门密切配合，高层领导的支持非常重要。员工的配合程度也会直接或间接地影响成本控制的水平，因此企业要加强宣传，使成本观念深入人心，使每个员工都树立成本意识。

6.1.4.2.2 加强和巩固材料采购的计量和质量管理

物资的进厂，一定要进行严格的检验和计量，以防止低质高价、数量不足的材料进厂。在签订、执行合同以及检验、计量物资时要由不同的人来执行，达到防治可能出现的徇私舞弊等行为的目的。

6.1.4.2.3 合理制定储备定额

合理制定储备定额可以在一定管理条件下确保生产的顺利进行。在对原材料进行储备时，不同的材料要采取不同标准，尤其是根据不同的季节要对燃料和原材料进行合理的存储，有效地避免资金浪费。此外，实际采购所需的数量和价格一定要控制在定额范围内。

6.1.4.2.4 加强存储管理

对仓库内存储的材料，要防止火灾、防止偷盗、防止变质，并且要对失去利用价值的物品进行及时处理。同时要加强对生产过程所产生的成本费用的控制，降低原材料以及一些动力所耗用的成本。具体做法有以下几点。

①产品设计方面，改进产品结构，在确保产品质量的情况下降低材料耗用情况。

②改进技术，运用科学技术开发和使用新材料、新替代品，努力实现降低投入资本、追求高产量。

③对余料进行回收利用，科学实施配料、合理裁剪和处理废料，充分利用原材料。

④做好原材料和燃料的供应和储备，按定额采购和存储原材料。

⑤提高产品质量，减少浪费，实行全面质量管理，建立严格的检查制度。

6.2　成本控制对企业财务管理的重要性

6.2.1　成本控制在企业管理中的作用

科学有效的成本控制能够提升企业的经济效益，实现企业的可持续发展，提高企业的核心竞争力。在现代化企业的生产经营管理中，成本管理是非常重要的管理手段。而成本控制又是成本管理的重中之重，所以企业要对成本控制予以高度的重视。

6.2.1.1　促进企业经济效益的实现

①成本控制能够减少企业的资金风险。对于一个企业来说，资金的良好运转关系着企业的生死存亡。企业除了可以通过对外吸引投资来减低财务风险，还可以通过控制成本来缓解企业的资金压力，使企业可以将资金有效地投入生产经营，完善企业的技术、设备和人才的配备，以促进企业经济效益的提升。

②成本控制可以加强企业内部管理，使企业内部工作有序开展，提高员工工作的积极性，从而为生产经营营造良好的工作环境。

③成本控制能够实现企业的经济效益。

由此可见，成本控制是当前企业经营管理的重要手段之一，也是实现企业利益最大化的有效手段。从整体上来说，成本控制保证了企业财务管理和经济效益的双赢。

6.2.1.2　实现企业的可持续发展

在当今经济全球一体化竞争的环境中，企业要想做强、做大，实现可持续发展，就必须重视成本控制。一个企业的可持续发展除了离不开人才和高新技术，最不能缺少的就是资金。

企业的总收入减去总成本投入就是企业的经济效益。可以看出，总成本投入对于企业是否能够盈利非常重要。资金雄厚的企业如果不重视成本的有效控制，虽然不会影响企业的短期经营，但是一旦出现金融危机，企业必然会陷入重大危机，甚至导致破产。相反，如果企业在每一发展阶段都注重成本的有效控制，就可以为企业积攒一定的资金，提高企业抵御危机和风险的能力，实现企业的可持续发展。

6.2.1.3　提高企业的核心竞争力

相同的产品，在社会主义市场经济环境下的价格差距不会太大。如果企业能够对生产成本进行有效的降低，除了可以获得更高的利润以外，还可以形成一定的价格优势，吸引更多的消费者，从而提高产品的销量，更好地开展与市场上同类产品的竞争，占据更大的市场份额，创造品牌效应，最终提升企业的经济效益、实现企业的可持续发展。因此，加强成本控制能够有效地提升企业的核心竞争力。

6.2.2　目前我国企业成本控制中存在的问题

随着我国经济体制改革的不断深入，财务管理已然成为企业管理的核心内容。财务管理对企业资金运转的综合性管理，渗透和贯彻了企业的一切经济活动。因此，加强财务管理是企业可持续发展的关键，而从成本控制入手是加强财务管理的重要途径，是当前企业管理工作的重中之重。下面主要介绍我国企业成本控制中存在的问题。

6.2.2.1　企业缺乏全面化成本控制意识

目前，很多企业的成本控制主要是通过减少企业内部的费用支出和降低生产成本来实现企业成本控制的目标。这种单一的成本控制意识只注重生产环节中的成本控制，而忽视了其他环节中的成本控制。这种单一的成本控制模式不仅阻碍了企业新产品和新技术的研发，而且还影响了企业整体发展战略目标的实施。不仅如此，有的企业缺乏成本控制意识，只注重成产值和利润。而错误的理解或缺乏成本控制意识都会直接影响到企业生产经营中的产品质量和经济效益目标的实现，出现浪费资金和材料的现象，不利于企业的可持续发展。

6.2.2.2 企业成本控制方法落后

当前还有很多企业仍然采用的是传统的成本控制方法，这种方法对于现代企业管理来说是比较落后的。传统的成本控制方法主要从生产成本的控制入手，先确定目标成本，然后再将其转化为标准成本，将标准成本和目标成本进行比较和分析，最后提出成本控制的具体意见。这种成本控制方法并没有全面地反映整个生产经营过程的成本信息，也没有考虑到经济的发展导致的技术要求和消费需求的变化，使企业的成本控制缺乏科学性和有效性，不利于企业的可持续发展。

6.2.2.3 企业成本控制目标违背企业发展目标

企业发展的重要目标是通过企业成本控制来实现的。企业要想实现发展，就必须制定相应的企业成本控制目标。然而，很多企业在制定成本控制目标时忽视了企业的战略目标，对企业发展没有预见性，缺乏长远的目光。这种短期的成本控制，只能完成阶段性的成本管理目标，不利于企业未来的可持续发展。

6.2.2.4 企业成本控制制度不完善

虽然很多企业制定了基本的成本控制管理制度，如成本核算管理制度等，但是因为制度的不完善性再加上缺乏规范化的管理，导致了成本项目记录的不明确性或者执行不到位。由于一些企业的管理制度的验收没有落实，导致企业的财产不能进行及时的清查。尤其是当今社会中的企业生产的比重有所降低，间接导致了成本比重幅度提高，如果相关的制度不完善、不健全，就会导致企业数据信息不准确，进而使企业成本控制决策出现失误。

6.2.3 企业有效进行成本控制的措施

企业要想提升核心竞争力，实现利润最大化的目标，促进企业的可持续发展，就一定要重视成本控制。具体来说，企业可以通过对企业内部成本意识的管控，树立全面的成本控制新理念，更好地完善企业的成本控制制度，建立相关管理系统控制企业成本费用的支出。这样不仅可以有效地提升企业管理者的管理水平，使其将成本控制在合理的范围之内，还可以实现企业经济效益的增长，促进企业的长远发展。

6.2.3.1　树立新型的成本控制理念

目前，企业面临着国内外激烈的市场竞争。为了实现经济效益最大化的目标，每个企业都必须树立新型的成本控制理念。首先，在企业内部要引起各部门员工对企业成本控制的关注，提高员工对企业成本控制的理解，使员工了解成本控制对企业发展的重要性。例如，在企业内部开展成本控制宣传讲座，使每个员工都能理解成本控制理念，努力使每一位员工成为企业成本控制的有效实践者。其次，企业成本控制的实践必须以企业的战略目标为基础，成本控制目标要与企业的整体战略目标相适应。具体而言，企业贯彻落实成本控制的思路和方法必须符合企业整体战略目标的相关要求。最后，企业必须把企业发展的战略目标作为根本出发点，全面建立企业成本控制管理体系，重视成本控制在企业发展和利润最大化中的重要作用。也就是说，企业应全面分析成本控制的对象和内容的特点，采用适当的成本控制方法。

6.2.3.2　科学的成本控制方法

企业要想在激烈的市场竞争中占有一定的市场份额，就一定要采用先进、科学的成本控制方法。科学的成本控制方法是在分析自身的基础上，将传统的成本控制方法与先进的成本控制方法进行有效的结合，如作业成本效益分析法、生命周期成本法等。特别是随着现代化制造产业的发展，企业的自动化水平持续稳定的提升，成本控制包含的范围越来越广，所涉及的费用包括生产费用、协调费用以及组织订单费用和比重逐渐加大的间接性费用，还有占比例较小的材料费和人工费。因此，企业必须采取先进、科学的成本控制方法进行成本控制。

6.2.3.3　加强成本控制的管理

日常成本控制是企业在成本控制时过程中最容易忽略的，企业必须加强对日常成本控制的管理。加强日常成本管理的方法可分为以下几点。

①要求施工人员和技术人员严格依照设计图纸的工序和工艺进行操作，对

日常材料费进行控制和管理，减少在施工过程中出现的材料浪费现象。

②管理者要对人工费进行有效的控制，在避免出现人工成本浪费的前提下，对每天的工作时间和施工人数进行有效的监督。

③注意间接性成本控制的管理，因为间接性费用的支出容易产生一些突发状况。因此，有定额的就一定要严格按照定额进行成本控制，没有定额的就必须要按照预算成本进行成本控制。

6.2.3.4　完善成本控制管理的制度

①加强企业生产经营每个环节的成本控制责任意识，在企业内部建立相关责任制度。通过建立每个环节和各个部门的成本控制责任制度，保证企业正常生产经营环节有序、顺利地开展。

②在基础性制度上完善企业成本控制。例如，完善成本记录制度，要求企业对生产经营过程中的所有材料成本进行准确、有效的记录，各项支出必须有相关、有效的凭证；完善企业定额管理制度，如必须在调查实际情况的基础上合理、科学地确定工时定额、原材料成本定额、成本定额等；完善标准化的资产清查制度，系统规范企业的计量、验收、收发、盘存工作。

③完善企业成本预算管理体系。企业成本的合理预算应该根据整体战略目标进行，然后根据具体的发展目标来进行协调和完善，从而实现成本预算与整体发展目标相一致，同时又不忽视生产的细节。

6.2.3.5　构建企业成本费用支出考核机制

建立成本费用支出考核机制是实现成本控制的又一项有效措施。企业可以将成本费用支出作为内部考核的重要指标，建立有效的激励机制，将企业的成本控制与各部门的工作联系起来，增强企业员工的成本控制责任意识。结合企业的工作激励机制，明确各部门工作中涉及的成本控制要求和各部门成本控制职能的划分。例如，建筑企业成本费用支出考核体系以及各项工作的顺利开展，确保了成本控制目标的完成，可纳入员工评估体系。企业可以采取相应的惩罚措施，通过建立考核制度，将成本控制纳入员工绩效考核标准，从而有效地调动企业内部的积极性，实现企业经济效益的最大化。

6.2.4　通过预算管理控制成本

在中国加入世界贸易组织（World Trade Organization，简称"WTO"）之后，大量的国外先进企业涌入中国，导致我国市场竞争日益加剧，利润空间逐渐减少。为了使我国的企业在这种严峻的形势下依然可以持续稳定地发展，从传统的控制管理目标逐渐向追求企业经济效益转变，实现企业价值的转移，开展以提高经营绩效为目标的预算管理具有重要的现实意义。预算管理不仅可以为企业全体员工指明共同的努力方向，聚集人才，为企业的发展提供动力，还可以帮助企业控制成本，提高企业的管理能力。

6.2.4.1　预算管理的主要内容

预算管理是西方发达国家多年以来积累的企业先进管理经验，是以对市场需求的充分研究和科学预测为前提，以销售预算为起点，进而延伸到如生产、成本和资金收支等重要经济活动各个方面的科学管理方法，对企业的可持续发展起着举足轻重的作用。全面预算管理是以目标利润为中心，在一定时期内对其经营所涉及的经济资源进行整体控制的一种现代化科学管理方法。企业通过全面预算管理，能够把经济活动中的物质和人力资源，通过货币（价值）形式予以量化，通过确定、执行、考核、奖惩进行全面的控制。

6.2.4.2　我国企业预算管理现状

6.2.4.2.1　在进行预算时，缺乏企业正确的战略指导

在没有企业战略指导的情况下进行预算管理，会造成企业重视短期活动，忽略长期目标的情况，会使短期的预算和长期的发展战略不相互适应，不同时期编制的预算连贯性差，年度、季度、月度预算等短期预算的执行不利于企业长期发展目标的实现。总而言之，缺乏企业战略指导的预算管理很难达到预期的效果。

6.2.4.2.2　预算经不住市场的检验

我国很多企业都存在在预算管理的过程中忽略对市场的调研的情况，导致预算结果与企业环境不符，预算指标难以被市场接受。在预算指标上缺乏弹性以及对市场的应变能力，也会使预算管理工作难以推进。

6.2.4.2.3 企业的实践与预算之间相互脱节，缺乏一定的客观性

有许多企业以历史指标和过往的活动为基础来确定以后的预算指标，并没有认真地对未来的生产经营活动进行有效的评估，缺乏客观性，因此很难成为评估和考核员工有效的基本准则。

6.2.4.2.4 在进行预算工作时缺乏整合思想

在完整的预算指标体系相对缺乏的情况下，没有生产预算、成本预算和售出预算等在内的总预算是不可能在运营的每个阶段进行有机的联系的，只能对成本费用或现金支出进行预算控制。有的企业则只有利润预算的意识，没有亏损预算的意识，对企业的预算管理不全面。

6.2.4.3 完善全面预算管理的对策

6.2.4.3.1 树立基于企业发展战略的全面预算管理思想

企业要实施全面预算管理，首先必须树立预算管理与企业发展战略目标相结合的理念。企业全面预算管理的编制和组织实施应该与企业发展战略相配合，其核心在于对企业未来发展的安排和计划，对企业内部资源的合理分配、考核和控制，因此全面预算管理是企业实现长期发展战略目标的基本手段，应该全面服务于企业战略目标的实现。其次，全面预算管理的功能和效用的发挥必须以企业的治理结构为基础，使预算管理的实施与各级、各部门的业绩考评相结合，使各级、各部门对预算的整个过程给予充分的重视和配合。

6.2.4.3.2 建立健全科学的全面预算管理组织机构

企业要实行全面预算管理，必须建立科学的全面预算管理组织机构，并且明确各部门的相关职责。科学的全面预算管理组织机构应包括全面预算管理委员会、全面预算管理办公室、归口管理部门、各二级单位及有关科室等。预算管理委员会负责全面预算管理的组织、领导工作，协调解决重大问题，通常由董事长担任主任，由总会计师担任常务副主任，由主管供应、生产、销售、基建、技术、设备、财务的副总经理担任副主任，委员由管理部门有关专业负责人组成。全面预算管理办公室负责日常工作，对各二级单位及有关科室的预算进行审查、汇总、平衡，对编制及管理工作进行指导、检查，制定管理制度和

归口管理办法。归口管理部门为专业预算部门，负责编制部门预算及向基础预算单位（二级单位）进行指标分解。各二级单位及有关科室为基础预算部门，负责编制单位及科室预算。

6.2.4.3.3　预算编制方法的选择

预算编制方法可分为固定预算和滚动预算。固定预算一般适用于业务稳定的企业，但其在生产、经营和市场的变化方面往往较为落后，缺乏灵活性。滚动预算克服了固定预算的不足，其主要特点是可连续保存12个月的预算数据，并根据新情况每月进行调整和修订。滚动预算不仅保持了预算的完整性和连续性，而且能够不断进行调整和修订，也使得预算更适应实际情况，有利于发挥预算的指导和控制作用。

6.2.4.4　预算管理在财务管理中的作用

6.2.4.4.1　预算管理是防范财务风险的重要手段

预算管理是企业财务管理中不可缺少的部分，预算管理首先考虑的是利润，其次是现金流量的确定性和到期的债务之间的关系。也就是说，企业在进行预算管理的时候十分注重财务风险对自身的影响，合理安排使用企业资金，从而避免企业财务风险。

6.2.4.4.2　预算管理有助于企业制度进一步完善

要想进行有效的预算管理，企业财务部门和执行预算管理的部门应该先收集有关方面的信息，如财务、市场、技术、业务等。通过汇总整理，运用科学分析的方法来判断预算成本与实际成本之间产生差异的原因，将发现的问题及时汇报给有关部门，方便企业及时制定相应的措施来改善现有的问题，使企业维持正常的运转经营状态。

6.2.4.4.3　建立以预算制为中心的财务管理模式

企业应建立一套管理机制以及工作方法，来保证企业的经营需要。企业生产经营的所有过程在预算制方法中都有体现，而且都融入了会计管理的思想和方法。企业围绕预算制为中心，通过各种核算方法，可以在复杂的经济关系中寻找到更适合企业的发展方向，在市场竞争中取得优势，使企业保持良好的财务情况。

作为财务全面预算管理的一种重要方法，以预算制为中心的财务管理模式采用了集成管理的模式，满足了资金流、业务流等对企业中的各种资源的整合需要。通过开展预算控制、分析预算等方法对企业的财务管理进行强化，是企业提升自身经济效益的一种重要的方法。

6.2.5　中小型企业成本控制创新

中小企业是我国经济发展过程中的主力军中不可或缺的一部分，但我国的中小企业存在很大的劣势，如规模小、资金不充足、管理不完善等，导致我国中小型企业市场竞争力不足，尤其是在这种经济形势下，很多中小型企业都面临着生存危机。提升中小企业在经济市场中的竞争力，首先要完善企业内部的管理制度，用科学的方法对企业进行管理，而成本控制创新在其中起到了很大的作用，具体体现在以下几点。

①成本控制创新在中小型企业实现利润最大化的过程中起到了很大的作用。许多中小型企业的生产经营过程都存在一些问题，如片面强调生产成本控制、加大生产产量、降低成本等。这样的做法虽然在短期内提高了企业的利润，但也影响了企业的长远发展。只有通过科学的方法提升企业的利润，才能实现企业利润长期最大化。

②成本控制创新在企业管理中起到了至关重要的作用，直接影响了企业的管理水平。所以，要不断引进先进的成本控制理念，持续提高企业的管理水平。

③成本控制创新在中小型企业适应市场经济的过程中起到了很大的作用，使企业不再作为一个独立的经济体，在关注生产成本以外还关注产品带来的效益，注意竞争对手的变化，使企业适应不断变化的市场环境，提升了企业的竞争优势。企业要不断进行成本控制创新，引进先进的管理方法，才能更好地达到适应市场发展的目的。

④成本控制创新对中小型企业的利润提高有很大的作用。很多的企业为了取得高利润，通过降低产品生产成本、减少产品的成本消耗来提高利润；为提升劳动生产率降低了人工成本。只追求利润而忽视了产品的质量，必然会影响

产品的社会效益，影响企业日后的发展。而通过成本控制创新可以改善这一状况，成本控制创新可以找到更多的提高利润的方法，实现企业利润最大化。

6.3　成本控制在财务管理中的应用

在市场经济体制改革的背景下，企业财务管理已经逐步发展成为企业管理的核心，引起了企业经营管理者的高度关注与重视。企业财务管理的核心是通过对自身价值形态的合理应用以及对资金运作的管理，促进企业经济活动的规范、有序开展，对提升企业经济效益具有非常重要的意义。

现代市场经济发展背景下，企业财务管理工作具有灵敏度高、综合性强以及涉及面广等多个特点，给企业财务管理工作的开展带来了一定的难度。要想使企业财务管理目标得以良好的实现，就必须充分理解成本控制概念，有效地应用相关措施，促进财务管理目标的顺利完成。本节将针对成本控制在企业财务管理中的应用展开分析与探讨。

6.3.1　企业财务管理与成本控制的关系

第一，财务管理会对企业本身的发展产生影响。在我国社会主义市场经济体制的改革背景下，企业成本控制与财务管理的关系十分密切。例如，财务管理中的众筹资金、分配以及使用等环节是企业成本控制十分重要的组成部分，对企业可持续发展有着重要的影响。

第二，成本控制对企业利润的获取有一定的影响。企业的总收入与总开支之间的差额就是企业利润。每一个企业所追求的最终目标都是利润最大化，这就要求每一位管理者要按照市场的经济形势以及总收入对成本进行有效的控制。在总收入持续在一定水平保持不变的情况下，降低成本可以实现利润的快速增长。由于市场竞争的不断加剧，部分企业开始打价格战，降低成本对提高市场竞争优势起到了非常大的影响，特别是对价格竞争实力的提高为企业奠定了更为坚固的基础。

第三，成本控制是系统化的企业财务管理过程，是在财务管理目标实现的过程中对不同成本资源和成本要素的重新组合。企业成本控制从控制和管理两个方面入手来实现成本控制目标，共同发挥作用，进而促进企业健康良性发展，实行有效的实时成本控制。通过财务分析结果指导企业投资等经济决策，可以使企业利润分配额最大化和股东价值最大化；同时，成本控制的实施也可以使企业的物质资源、财务资源、人力资源等得到最大程度的优化，促进财务管理水平的整体发挥。

6.3.2　我国企业财务管理与成本控制现状

随着现代企业制度的不断完善，全过程、全方位、多角度的成本控制已渗透到企业的各个领域。实践证明，只有当产品的寿命周期的全部成本都得到有效的控制，成本才会显著降低。因此，为真正实现社会资源的合理配置，实现企业经济效益的最大化，要将企业财务管理与成本控制相结合，以充分实现企业的财务目标、企业目标和社会目标。

需要注意的是，当前财务管理在企业管理中的核心作用并没有得到很好的发挥，成本控制没有落到实处，成本管理的思想也没有得到创新。我国企业财务管理与成本控制现状主要体现在以下方面。

6.3.2.1　缺少高素质财务管理人员

缺少高素质财务管理人员是影响财务管理核心作用难以很好发挥的主要问题。企业普遍注重对科研技术人员的培养，而对管理人员的素质提高不够重视，对会计人员重使用轻培养，使会计人员满负荷处理日常事务，很难有时间和精力主动钻研深层次的管理问题，对介入财务管理心有余而力不足。此外，财务管理工作基础薄弱，对现金管理不严，生产经营过程中坐支、大额使用现金购物，借用银行账户，个人借款长期挂账而不清理的现象屡见不鲜；资金使用缺少计划，安排过量生产或购置实物资产，无法应付经营急需的资金，陷入财务困境；应收账款清收乏力，周转缓慢造成资金回收困难，没有建立严格的赊销规定，缺乏有力的催收措施，应收账款不能收回形成呆账、坏账；存货失控，造成资金呆滞。很多企业月末存货占用资金往往超过其营业收入的三倍以上，原因是重生产、轻销售、重产量、轻质量，管理混乱，白条抵库、质次价高。

6.3.2.2　不能正确处理财务管理与会计核算的关系

在核算事务中经常出现重核算轻管理，重视资金运作和会计结构、轻视会计资料的加工处理和经济活动分析的情况，淡化了财务管理在企业管理的核心地位和参谋决策的作用。成本费用管理水平低下，相当数量的企业普遍存在成本费用核算不实、控制不严、控制体系不健全等问题。在成本费用管理的过程中时常出现片面追求利润、人为造成成本费用不实、企业会计基础工作不健全、成本核算缺乏真实准确的数据资料、企业内部缺乏科学有效的成本费用控制体系的问题。

6.3.2.3　企业改革不到位

大多数企业的厂长、经理既是企业资产的代表者，又是企业经营的负责者，也是职工和自我利益的代表者，在这样三职集于一身的情况下，厂长、经理任命的财务部门负责人必然要对经营者"负责"，迫使会计人员做假账、报虚数，形成"厂长财务""经理报表"，造成会计信息失真，严重影响财务管理作用的发挥。

6.3.2.4　企业内部控制制度不健全

多数企业的内部控制制度不够全面，没有覆盖所有的部门和人员，也没有渗透到企业各个业务领域和各个操作环节，使企业会计工作秩序混乱、核算不实，造成会计信息失真的现象。

内部审计是企业内部控制制度的一个重要组成部分。据调查，为数不少的企业没有设置内部审计机构，即使设有内部审计机构，其职能也已严重弱化，形同虚设，不能正确评价财务会计信息及各级管理部门的绩效。另外，内部审计机构职能的发挥在很大程度上取决于企业负责人的主观意愿。

6.3.2.5　成本控制在财务管理当中的定位不当，控制手段过于老化

企业普遍认为成本控制是研发、采购、生产等部门把控的事情，财务只进行简单的统计、计算工作，导致企业缺乏必要的汇总分析、预算和监督反馈，不能围绕企业目标形成系统的成本管控，失去管控方向，导致成本失控，使经营管理陷于混乱。

传统的成本核算中产品成本只涉及直接材料、直接人工及非制造费用部分的简单分摊（如按机器小时数、产量等确定固定分摊率），没有按照成本动因对成本的构成进行详细的分解。另外，企业往往将成本控制的重点放在产品的制造环节，忽视了对产品的研究开发、设计、采购、销售、升级、投资和日常管理等相关活动产生的成本加以控制，难以真正实现有效的成本管理。

6.3.2.6　成本控制观念滞后，对成本功能的转化没有清晰的认识

企业进行成本控制的最终目的是减少支出、降低成本，实现各方利益的最大化。传统的成本控制以是否节约作为基本标准，仅仅强调节约费用开支，没有结合企业的战略目标对成本控制进行合理的设计和有效的执行。多数企业只简单地通过产量的提高来降低成本，通过低成本形成的价格优势来获取市场份额。

随着社会主义市场经济的不断发展和技术的不断进步，以物质资料为成本控制对象、以生产制造过程为中心的传统的成本控制已不能满足企业管理的需要。传统的财务管理将成本控制的重点放在成本的经营性控制上，而没有意识到单纯的经营性控制已不能适应现代企业的发展。长期以来，企业一直以会计核算工作作为财务管理的重点，忽视了财务分析的重要性和成本控制与绩效考核相结合的必要性。对成本实施事前的规划性控制，重视研发成本、营销成本等非制造成本对成本结构的影响，兼顾人力资源成本和技术成本等成本控制手段，才能真正从源头上控制产品成本，为企业领导做出正确的决策起到应有的指导作用。

6.3.2.7　缺乏完善的成本控制体系和合理的成本控制方法

许多企业缺乏完善的成本控制制度，如制度本身存在缺陷、制度制定的可执行性不强等。现今的成本管理系统过分依赖现有的成本会计系统，仅实现了对财务数据的及时统计和成本核算结果的实时反馈，而忽视了全面成本控制的必要性和紧迫性。由于没有建立健全现代企业制度，使企业没能构建起良好的监督体系，财务部门的管理职能和成本控制职能因此受到了很大的限制。

多数企业成本控制的方法仅局限于压缩经费、减少员工等一般手段，没有将成本控制放在应有的高度上，没有对成本控制工作进行整体规划，也没有在对企业的生产经营全过程进行分析的基础上，结合战略目标采取灵活多样的成

本管理方法。成本控制的结果并没有深入反映企业的生产经营过程，成本控制对企业经营目标的促进作用没有充分发挥出来，导致成本控制在企业财务管理中流于形式，难以实现真正有效的成本控制。

6.3.3　企业财务管理范畴下完善成本控制的思路

第一，建立健全企业资金管控体制。构建资金管理机制应当以规划体系的建设为基础，以促进企业资本循环效率的优化与提升。即企业应当结合自身发展规模以及生产经营实践，决定各类原材料的使用量，以确保生产活动的顺利开展。而对于财务管理部门而言，主要工作职责是结合原材料市场价格变动趋势，对所需资金额进行计算。因此，材料采购部门与财务部门之间必须建立起良好的协调互动合作机制，使资金拨付与管理更具弹性。

第二，需要加强对成本控制工作的认识。传统企业对成本控制的认知大多停留在成本节约的初步阶段，这种成本控制对于新经济形势下的企业而言缺乏战略意义。真正意义上的成本控制是指控制高效益成本，对于那些效益不高的成本进行合理的节约，如对于公共用品和日常用品的领取和退还都由专人管理，而且要有详细的记录，以此来减少不必要的开支。但是对于能提高产品产量、给企业带来发展的费用支出就要得到保证。从长远发展的角度上来说，这些费用支出能够有效地提高企业产品质量和企业竞争实力，对其长远可持续发展而言是非常重要的。

第三，需重点加强对企业隐性成本的控制。在企业各项生产经营活动的开展中，交易成本是随着交易活动产生的，控制交易成本是企业在财务管理中加强成本控制水平的重要内容。为了有效地降低交易成本，可采取的措施包括制度层面以及技术层面两方面。例如，以集团公司为核心进行大批原材料的采购，与企业合作客户签订长期性合同，有效地降低交易成本等。除此之外，还可结合企业经营管理发展趋势，构建一套完整的物流系统，以减少在寻找客户中交易成本方面可能出现的浪费问题。

第四，采购部门在企业材料采购合同签订前，需要将合同审批单交由财务部门进行审核，财务管理部门需要负责对合同中所涉及的金额、数量、价格、付款方式等内容进行审核，审核无误后签字确认。市场部门在签订招标合同前同样需将评审表交由财务管理中心进行审批。

第五，针对管理部门提出的材料采购事项，相关成本控制部门应当制订月度采购计划，根据库存材料数量以及项目执行情况编制合理采购预算。财务管理中心应及时发现计划中存在的问题与不足，提出更改或调整计划的建议，以免公司在材料采购业务中出现损失或资金大量被占用的问题。

第六，需要实现全面性成本控制周期管理。在企业财务管理目标的实现中，成本控制必须体现全面性、全过程性、全员性。在此过程中应关注以下几个方面的问题：企业财务管理范畴中的成本控制工作是一项具有系统性特点的工程，如果仅仅依赖财务管理部门进行成本控制，所达到的效果一定是不理想的，因此，在成本控制的过程中必须实现对全体员工的控制，扩大财务管理范畴，自上至下构建一个完整的成本管理控制体系。在企业开展的每一项经营活动与业务中，都会在一定程度上受到成本的影响，生产经营中应当对成本项目进行科学控制，加强对资金的筹划管理，以确保现有资金能够得到充分应用。通过全面性的成本控制周期管理，构建联合事前、事中、事后的成本控制综合管理体系，以确保成本控制目标在财务管理实践中顺利实现。

6.3.4 完善企业财务管理范畴下成本控制的具体对策

结合我国现阶段的市场经济发展形势来看，经济环境正处于紧缩状态下，生产价格指数（Producer Price Index，简称PPI）逐年升高，对成本的合理控制受到了不利影响。由于非公有制企业缺乏金融政策的扶持，提高竞争力的关键就在于加强对成本的控制。在过去的管理工作实践中，成本控制模式局限在成本管控范畴中，缺乏整体意识，导致控制效果不佳。因此，本书尝试在财务管理视角下展开对成本控制问题的研究，对财务管理与成本控制的关联性进行探究，研究财务管理范畴下成本控制的具体对策，进一步凸显企业成本控制价值，为企业财务管理奠定良好的基础。

完善的财务管理和成本控制管理是一个企业发展的基础和实现价值的核心，贯穿于企业所有的经济活动之中。在经济转型和市场经济逐渐完善的情况下，良好的财务管理是企业可持续发展的关键。因此，企业应该从成本控制管理角度出发，把财务管理目标推向一个新阶段，以实现企业利润的最大化。

6.3.4.1　与时俱进，加强成本控制观念，提高成本控制水平

由于成本核算是一项系统工程，成本核算的方法、体系涉及企业的方方面面，需要企业全体员工参与到企业生产经营全过程的成本控制中来。现代企业管理者要加强自身成本管控意识，增强企业各部门管理人员和企业全体员工的成本意识，并把企业各管理部门和员工的利益与责任统一结合起来，建立健全有效的成本管理系统。只提高产品成本核算精度的成本管理系统还远远不能满足管理需求，成本管理必须要由成本核算系统向成本控制转变，提高企业竞争优势，实现企业战略目标。

6.3.4.2　制定成本管理的战略与规则，从产品制造成本管理向产品全面成本管理转变

传统成本管理的对象只包括产品制造成本，忽视了对产品设计、营销、售后服务等一系列作业环节所发生的资源消耗的管理。战略成本管理从战略高度来控制企业的成本，通过分析行业市场、企业自身以及竞争对手的财务与非财务信息来对企业实行全面的成本管理。随着买方市场的形成，消费者更关注产品的质量、功能及售后服务等，仅仅对产品制造成本的管理已不能满足消费者的需求，企业应创新成本管理思想，实行产品成本的全过程管理。

6.3.4.3　制定完善的成本控制体系

完善的成本控制体系是成本管理控制的基础。企业应在进行内部环境和外部环境分析的基础上，结合企业的实际情况，制定出适合企业自身发展情况的，既能有效应对财务风险、又能独立循环的成本控制体系。当成本控制目标落实到企业的每个部门、每个员工时，成本意识也会深入到企业的各个层次，这样才能在企业全体员工的共同努力下，实现成本控制的目标。

6.3.4.4　采用科学合理的成本控制方法

成本控制反对"秋后算账"和"死后验尸"的做法，提倡预先控制和过程控制。因此，成本控制必须遵循预先控制和过程控制方法结合的原则，应对过程控制活动进行持续的监督、测量、分析和改进。在企业生产经营过程中应采用科学合理的成本控制方法实行有效的成本管理，为实现成本目标和提高企业

效益打下良好的基础。

6.3.4.5 更新观念，建立科学合理的财务制度

加强成本管理离不开科学合理的预算制度，建立科学合理的预算制度必须对预算管理与控制的机构进行合理的设置，做到事前有预算、事中有控制、事后有分析。如果不能进行准确的预算，可以根据本量利之间有规律的数量关系和一系列业务量的伸缩性制定弹性预算方法，用于各种期间费用的预算与控制。经过选择业务量的计量单位、确定适用的业务量范围和逐项研究并确定各项成本和业务量之间的数量关系来计算各项预算成本。

同时，为了加强企业的成本控制和管理，需要设立一个完全独立于财务部门的管理部门。其主要职责是：根据企业内部各部门、队组等机构的设置情况，依据成本费用的发生情况，将这些部门、队组分类划成不同的费用核算单位；确定合理的费用标准，企业实际发生的每笔成本费用在结算时都要先经过该部门的审查，达到成本控制的要求后再进行财务结算；每月该部门与财务部门需联合核对实际发生的费用支出情况，以保证成本控制的实现。

6.3.4.6 提高财务管理人员的素质，加强监督和控制

财务管理人员是财务管理和成本控制管理的核心与关键，提升财务管理人员的业务水平和能力是做好企业财务工作的重要内容。要有组织、有计划地给财务人员创造学习条件，促进其知识水平和业务能力的不断提高。财会人员不仅要懂得会计核算，更重要的是善于理财、善于管理。企业要以会计核算为基础，开展全面的经济核算，以强化成本核算为手段，促进企业管理基础工作的加强和提高，建立以财务为中心的成本考核体系，努力降低耗费，促进效益提高。同时，要完善企业的深化改革，建立现代企业制度，使监督机制和控制机制在财务管理和成本管理中发挥作用。

6.3.4.7 加强财务管理和成本控制管理的宣传工作

成本是企业在生产经营过程中发生的，企业的每个环节都涉及成本。成本控制具有全员性、整体性和全面性。控制成本是每个部门、每名员工的职责，仅凭财务部门很难做好此项工作。因此，企业的宣传部门、工会组织等相关部

门应加大成本控制的宣传力度，将成本控制意识作为企业文化的一部分，消除认为成本无法再降低的错误思想，对企业全体员工进行培训教育，要求企业各级管理人员及全体员工充分认识到企业成本降低的潜力，人人应对成本管理和控制予以足够的重视；营造全员参与成本管理的氛围，使每位职工有成本控制的意识，才能真正把成本管理好，提高企业的经济效益。此外，做好成本控制工作仅着眼于年度、月度成本费用的管理是不够的，企业还必须用发展战略的眼光从更大的市场范围和更长远的生存发展角度来考虑企业的成本费用管理，但是根本上还是要让财务管理和成本控制管理的意识深入人心，提升企业的整体实力和管理水平。

第7章 互联网环境下报纸出版企业的成本控制

随着我国出版体制改革的持续深化，各种类型的报纸出版单位都相继进入了新的发展阶段。报纸出版企业不仅是传播科学文化的单位载体，还具有经济实体的基本特征。这就要求报纸出版企业不仅要将文化价值置于首要的位置，还要实现文化价值和经济价值、社会效益和经济效益的密切统一。

近年来，我国各行各业的企业都逐渐朝着多元化的方向发展，市场竞争也越来越激烈。受到这些因素的影响，企业的利润空间越来越小，企业的发展越来越艰难，尤其是对于生产行业。在这样的环境下，大部分企业为了获得更多的利润，都开始将成本控制作为一项重点工作，希望通过这种方式提高自身在市场中的竞争力。

虽然很多企业都已经意识到了成本控制的重要作用，并且在生产经营过程中也采取了一定的措施，但是由于这些企业对成本控制的具体范围、方法等方面缺少全面的认识，其成本控制工作并没有取得预期的效果。目前，企业进行成本控制的重点已经不仅仅是管理生产成本，而是根据企业的整体情况，对生产经营的全过程进行管理，从而达到优化企业整体成本效能的目的。报纸成本管理在报纸出版企业管理中占据着十分重要的地位，报纸成本管理不仅是报纸出版企业实现利润最大化目标的重要保障，还是体现报纸出版企业绿色发展的重要因素。总体而言，报纸成本可以分为四大部分，即策划成本、印制成本、营销成本、管理成本等。其中，印制成本在报纸成本中的占比较大，因此控制印制成本对报纸出版企业的成本控制工作尤为重要。互联网的发展对报纸的印制成本带来了多方面的影响，报纸出版企业可以利用互联网的便捷性减少企业的印制成本，同时也要合理规避由互联网的发展造成的成本增加情况。

采用科学合理的措施对成本进行控制，能够使报纸出版企业的盈利能力得到显著的提升，避免报纸出版企业进行盲目的竞争，确保报纸出版企业在竞争激烈的市场环境中占据一定的市场份额。目前，我国大部分报纸出版企业都没有进行真正意义上的印制成本控制，缺少对印制成本的预测分析。

无论报纸出版企业采用何种方式进行市场竞争，都需要进行成本控制，否则会对报纸出版企业的发展造成不利影响。

怎样科学合理地进行成本控制是报纸出版企业必须重点解决的问题，具体包括分析报纸出版企业成本控制的具体情况、改进报纸出版企业当前的成本控制体系、科学合理地进行成本控制等。

本章将结合互联网对报纸出版企业成本控制的影响，分析报纸出版企业印制成本控制存在的问题及其成因，并针对这些问题提出相应的改进措施。

7.1 互联网对报纸出版企业成本控制的影响

随着国家对互联网经济的重视程度不断提高，数字出版呈现出迅猛的发展势头，新型的数字出版①逐渐成为大众获取信息的新选择，微信阅读、熊猫读书、微博读报等一系列手机阅读应用软件成为大众的主流阅读平台，报纸的印刷量大幅减少。2005年，全国报纸印刷量逐渐开始显示出较慢的增长趋势，进入起伏态势。2012—2018年，全国报纸印刷量逐年降低。其中，2015年和2016年下降速度较快，环比下降超过了15%。据2018年度全国报纸印刷数量的统计报表显示，全国共有154家单位将报纸印刷量（对开张）数据发送至中国报业协会。这154家报纸在2017年和2018年的印刷量分别为548.6亿和501.19亿对开张，2018年的环比数量减少了8.64%。2018年全国主要报纸印刷量调查情况汇总表见表7-1。这154家单位是来自全国各地的印刷机构，其上报的印刷量数据具有较强的代表性和实际性。从目前的总体状况来看，除了党政类报纸之外，其他

---

① 相对于传统的出版、发行以及消费来说，数字出版的优势非常明显。数字出版的受众更多，传播速度更快，这些都是传统出版无法比拟的。此外，数据压缩存储技术使得数字出版载体的储存容量非常大，而且还为作者编辑和处理文字提供了便捷的方式。在印刷过程中使用数字技术，可以使出版物的质量得到明显提升。在目前这种重视绿色环保的环境下，数字出版很难被其他模式替代。从内容这一层面来看，数字出版就是把传统的出版内容放到数字化平台中，然后通过手机等途径提供给阅读者阅读。目前，传统出版和数字出版同时存在，这样阅读者可以拥有更多的选择。

类报纸的印刷量均有所下降。

表 7-1　2018 年全国主要报纸印刷量调查情况汇总表

年印刷量分档	家数	2018 年印刷量		2017 年印刷量
		亿对开印张	较上年	
8 亿印张以上	15	194.97	-6.45	208.42
4 ～ 8 亿印张	27	158.55	-4.96	166.83
2 ～ 4 亿印张	28	76.71	-13.99	89.19
1 ～ 2 亿印张	29	42.62	-11.12	47.95
1 亿印张以下	55	28.34	-21.73	36.21
合计	154	501.19	-8.64	548.60

7.1.1　线上线下形成新的成本节能模式

回顾传统出版业的发展历史，世界新闻出版标杆企业——美国《纽约时报》（*The New York Times*）的互联网转型道路值得我们研究。创办于1851年的《纽约时报》以新闻报道起家，之后逐渐成为新闻业的标杆刊物。《纽约时报》很早就意识到了互联网会对出版业造成巨大的冲击，于是创建了提供报纸内容在线阅读的网站。该网站在创立当年就已经开始盈利。随后，该网站从《纽约时报》编辑部独立出来，建立了单独的采编团队以及网站管理团队。从以上几个决策节点来看，《纽约时报》属于早期积极面对互联网冲击的传统出版商之一。但即便如此，《纽约时报》的转型过程也颇为艰辛，在转型过程中，其市场份额、营业收入、行业影响力等都出现了下滑。这是因为一系列社交分享类的互联网平台正在成为人们获取信息的主导平台。

从传媒及出版的角度来看，出版业的产业链条包括内容产出、出版商传播及读者（消费终端）的互动。其中，内容产出这一上游环节自始至终都具有两种属性：一种为商业属性，另一种为非商业属性。对于后者而言，内容产出是人类为了满足对于未知领域的好奇心，或者满足表达自己人生感悟的欲望，最终将思想转化为可传播的文字的过程。但是，在这个环节中，内容产出者并未进行商业化的思考。换句话说，内容产出者并没有考虑金钱回报。这种"思想产品"构筑了社会的一部分，是社会动荡时的重要精神力量。这一点与当前互联网时代的内容产出具有越来越明显的商业化特征截然相反。

互联网技术在与资本融合后，给传统出版业带来了极大的颠覆，也使得传统出版业的商业模式迅速更迭。

2019年，中国新闻出版研究院发布了2018年的全国国民阅读调查数据。2018年，我国成年国民对于各种媒介的综合阅读率为80.8%，与2017年相比有所提升。2018年我国成年国民对不同媒介的阅读率数据见表7-2。

表 7-2 2018 年我国成年国民对不同媒介的阅读率

（单位：%）

项目	阅读率	较上一年
图书	59.0	-0.1
报纸	35.1	-2.5
期刊	23.4	-1.9
数字化阅读	76.2	+3.2

由表7-2中的数据可知，互联网的发展带动了数字化阅读率的提升，但同时也导致了纸媒阅读率的降低。

进一步对各类数字化阅读载体进行分析可以发现，2018年我国成年国民的网络在线阅读接触率、手机阅读接触率、电子阅读器阅读接触率、平板电脑阅读接触率均有所上升，具体数据见表7-3。

表 7-3 2018 年我国成年国民对数字化阅读载体的接触率

（单位：%）

项目	接触率	较上一年
网络在线	69.3	+9.6%
手机	73.7	+2.7%
电子阅读器	20.8	+6.5%
平板电脑	20.8	+8.0%

人们平均每天接触不同数字化阅读载体的时长见表7-4。

表 7-4　2018 年数字化阅读载体每天接触时长

（单位：分钟）

项目	接触时长	较上一年
网络在线	65.12	+4.42
手机	84.87	+4.44
电子阅读器	10.70	+2.58
平板电脑	11.10	−1.15

2018年成年国民对各类出版物的平均阅读量见表7-5。

表 7-5　2018 年成年国民对各类出版物的平均阅读量

（单位：本／份）

项目	阅读量	较上一年
纸质图书	4.67	+0.01
电子书	3.32	+0.20
报纸	26.38	−7.24
期刊	2.61	−1.20

在过去，阅读群体大多聚集于某一职业阶层，如研究人员等；而如今，传统出版无法覆盖的阅读人群逐渐被新媒体激发。需要注意的是，二者所覆盖的市场之间并没有冲突，因为互联网激活的是增量市场。由此可见，传统出版业与互联网之间是动态互补的模式，二者做到了线上线下的有机结合，形成了新的成本节约模式。

7.1.2　不同报纸出版企业的信息共享促使成本降低

信息共享主要是指根据相关的法律法规，借助信息技术和数据通信技术，使不同层次和不同部门之间实现信息和信息产品的交流与共享。其目的是优化资源配置，节约社会成本，提高信息资源的利用率。

实现资源共享可以创造更多的财富。一般情况下，共享资源的产品数量越多，产品的成本就越低。

7.1.3 整合数字化转型后的盈利模式

自互联网时代兴起以来，移动互联网、社交媒体、新媒体平台和VR等新技术相继出现，对以内容产品为主的传统出版产业造成了巨大的冲击，改变了传统出版行业原有的生产方式、经营方式以及行业生态，甚至对传统出版产业的上下游产业链以及整个社会都造成了影响。

在盈利模式上，很多传统媒体（如《三联生活周刊》《故事会》《知音》等）都如此前的《纽约时报》一样，通过广告来创收。也就是说，在纸媒时代，广告带来的收益非常高。但是在互联网时代，阅读量占据了主导地位，阅读量大就等于利润高。因此，传统报纸出版企业可以与互联网技术相结合，采用如下几种形式获得盈利。

第一，订阅收费。进入互联网时代后，美国有多家报纸出版企业都采用了订阅收费的盈利模式。一些亚洲国家，如日本和新加坡的传统媒体也采用了网站收费制，如日本的《日本经济新闻》、新加坡的《海峡时报》。2010年1月1日，我国的《人民日报》数字版也推出了订阅收费模式。可以看出，订阅收费模式已经成为未来电子报纸发展的必由之路。

第二，建立自己的门户网站。门户网站可以打破时间和空间的限制，能有效地节省传统报纸出版企业的发行成本。

第三，与增值服务挂钩。目前，大部分国内的应用软件都会为用户提供大量的增值服务。例如，在猫眼app中，用户不仅可以购买电影票，还可以享受购买可乐或爆米花等增值服务。同理，传统的报纸出版企业为用户提供的电子报纸阅读应用软件也可以为用户提供购买特殊字体、更换个性界面等增值服务，从而为传统报纸出版企业带来多元化的收入。

第四，个性化订制。电子报纸可以帮助报纸出版企业收集用户的需求，并结合大数据技术，针对用户的需求策划相应的专题，甚至还可以通过发行光盘的形式，实现对历史报纸资源的再利用，为用户提供个性化的定制服务，达到延伸报纸出版企业产业链的目的。

7.2 报纸出版企业印制成本存在的问题及其原因

7.2.1 报纸出版企业成本概况——以 Z 企业为例

Z企业是一家综合性的报纸出版企业，已有几十年的发展历史，员工总人数达600余人，资产总额达到了1.7亿元。Z企业一直十分关注印制成本控制，其印制成本主要包括三个方面，即制版费、纸张费、印工费。

Z企业2014—2018年的印制数量见表7-6。

表 7-6　Z 企业的纸质报纸和电子报纸印制数量构成

（单位：万份）

年份	类型		
	纸质报纸	电子报纸	合计
2014	1 432	233	1 665
2015	1 211	387	1 598
2016	1 165	446	1 611
2017	980	580	1 560
2018	793	617	1 410

由表7-6可知，Z企业纸质报纸印制数量呈逐年递减趋势，电子报纸印制数量呈逐年递增趋势，报纸印制总数总体呈递减趋势。

Z企业2014—2018年的印制成本构成见表7-7。

表 7-7　Z 企业的印制成本构成

（单位：元）

年份	类型		
	制版费	纸张费	印工费
2014	3	572	439

年份	类型		
	制版费	纸张费	印工费
2015	3	496	412
2016	3.5	500	397
2017	3.4	490	388
2018	3.5	412	365

由表7-7可知，制版费稍有增长，基本稳定。近几年受相关政策的影响，纸张单价有所上涨，但是Z企业的纸质报纸印制量逐年减少，因此Z企业的纸张费、印工费呈递减趋势。

7.2.1.1 企业组织结构

Z报纸出版企业组织结构如图7-1所示。

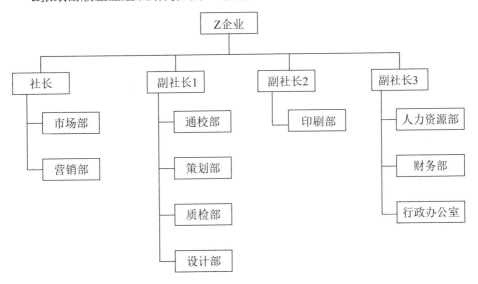

图 7-1 Z 报纸出版企业组织结构图

7.2.1.2 企业印制成本管理现状

Z企业要印刷出版1 000本220千字左右的期刊，采用大32开的70克单色合资胶版纸，字体大小为五号；封面上要印刷作者简介，采用200克铜版纸，需要覆光膜。

此次印刷有清晰的打印原稿和电子文件，因此Z企业可以采取两种校对方式。不同校对方式的校对成本见表7-8。

表7-8 采取不同校对方式的成本比较

（单位：元）

校对方式	校对费用
正常校对	1.7×3×220=1122
计算机校对	1.7×220=374

从表7-8中的相关数据来看，在保证校对质量不受影响的前提下，只采用计算机校对这一校对方式可节省748元的校对成本。

在针对正文进行排版以后，共有246面正文，6面辅文，印张为7.875。因为此次印刷并非整印张，印刷和装订过程面临着较为烦琐的细节，印刷成本也比较大。如果Z企业想节省印刷装订成本，可以将印张改为8印张，比之前多出4面。印张化零为整调整前后的成本对比见表7-9。

表7-9 印张化零为整调整前后成本对比

（单位：元）

	调整前	调整后
正文拼版前	20×24=480	16×24=384
正文上版费	20×66=1320	16×66=1056
正文印刷费	20×5×12=1200	8×2×5×12=960

从表7-9中的相关数据来看，在印张化整为零以后，可节约6.2%的印制成本，共600元。除此以外，此次书籍印刷还有利于后期的书籍装订，可进一步提高印刷生产效率。

目前，Z企业主要用大机型印刷封面。用不同机型印刷封面的成本对比见表7-10。

表 7-10 封面用不同机型印刷的成本对比

（单位：元）

项目	机型	
	大机型	小机型（12 开印）
晒上版	70×4=280	40×4=160
印刷	23×4×5=460	18×4×5=360
纸张加放	0.24×850=204	0.04×850=34
合计	944	554

从表7-10的数据来看，由小机型印刷封面，仅印刷费和纸张费就比之前节约了约2/5。从整体来看，由小机型印刷封面总共可以节约1 738元的费用，成本降低了53.2%。由此可以看出，Z企业的成本管理存在很多问题。

7.2.1.2.1 成本核算不精准

通过对Z企业印制成本的计算过程进行详细的研究分析之后发现，Z企业比较重视总成本数据的客观性。在报纸刊号的成本计算方面，Z企业到目前为止还没有完善的成本核算机制。因此，Z企业的整体印刷成本在不同印刷品之间的配置方法方面还存在很大问题，印刷品的印刷成本明细往往与总账单之间存在很大的差异。这种成本核算方法与《成本核算管理办法》中指定的成本核算方法有很大的出入，成本管理效率低下。此外，Z企业会将一些间接成本分摊到相应的印刷品中，虽然这种成本计算方法操作起来比较简单便捷，但是准确性很差。成本核算的结果是成本管理的重要依据，如果成本核算存在问题，会严重影响成本管理措施的有效性。

7.2.1.2.2 成本管理无制度约束

虽然《财务内控制度》制定了Z企业的常规财务管理规章制度，但是并没有给出具体可行的财务管理措施。因此，《财务内控制度》中的规章制度无法应用于具体的印刷成本管理。对Z企业其他规章制度进行全面的分析后可以发现，Z企业没有关于印刷成本管理的具体指导性措施。也就是说，Z企业当前并没有针对印刷成本构建具体的监督管理机制。在这种情况下，Z企业必然存在严重损耗成本的情况。

7.2.1.2.3 成本管理意识不足

Z企业内部管理工作者的成本管理意识薄弱，没有建立合理有效的成本管理机制来控制出版印刷成本，也使得普通员工在出版印刷方面没有树立相应的成本管理意识。根据Z企业的实际经营状况，其成本管理意识差由以下两个原因造成：一是Z企业内部没有建立健全成本管理机制和奖罚机制；二是Z企业出版印刷过程中涉及的环节比较多，成本管理工作实施起来比较困难，需要全体部门、全体员工共同参与来落实相应的成本管理措施。因此，Z企业管理层人员需要制定一套合理有效的出版流程，根据流程设计出成本管理方案，落实成本管理工作。

7.2.1.2.4 成本管理方法陈旧

Z企业当前没有完善的成本管理机制，使用的成本管理方法比较陈旧。对Z企业现阶段实行的成本管理方法进行研究分析后发现，Z企业当前使用的成本管理方法是由编辑根据印刷品的市场价格和预算利润估算出成本临界值，然后将成本控制在成本临界值的范围内，然后再根据以往同类印刷品的成本波动情况，确定成本的波动范围。这种成本管理方法是从整体上来进行成本管理，不够具体详细，也使得企业内部全体工作人员的成本管理动力不足，不能将成本管理过程中的细节问题及时反馈给管理人员。

7.2.2 印制成本管理中存在的问题

报纸出版企业印制成本管理中的问题如图7-2所示。

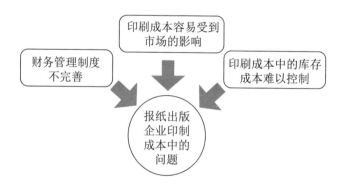

图 7-2 报纸出版企业印制成本管理中存在的问题

7.2.2.1　财务管理制度不完善

财务印制管理制度是指企业的管理层根据既定的成本预算方案制订生产经营计划，合理配置成本费用，使生产经营计划既能提高企业生产效益，又能提高资金利用率的管理机制。要完善财务管理制度，首先需要调整企业的组织结构，其次要制定不同层次的规章制度和不同层次的绩效考核机制、奖罚机制。

当前，报纸出版企业的管理者没有真正树立成本费用管理意识，未将印制成本与长期发展效益相结合，也没能充分约束员工的行为，将成本的控制效果进行量化，并与每个人的绩效报酬相挂钩。企业管理者缺乏成本管理观念，未落实成本管理，对企业的印刷成本费用造成了严重的影响。

7.2.2.2　印制成本容易受到市场的影响

企业的库存储备数量是根据印制数量来衡量的，因此企业的纸张储备数量及印制数量具有不确定性。同时，市场的需求量也是影响印制成本的因素之一。

纸张的采购涉及交货期的问题，特别是对于特殊尺寸的纸张，企业一般没有库存，需要相应的供应商适时生产。通常情况下，生产厂商供应的纸张质量要比分销商更好，但相应的，生产厂商供应的纸张交货周期也较长。如果报纸出版企业购买本地生产厂商的纸张，就可以进一步缩短纸张的运输时间，降低纸张采购成本。

近几年，我国的环保政策十分严格，对市场的影响很大，大批企业关闭。此外，受国际造纸业大环境的影响，报纸原材料进口受到限制，对外依存比例降至四成以内。例如，作为纸浆出口国的智利，每年向全世界出口的纸浆产量比例为10%，以供各国新闻报刊机构使用，其中就包括中国。智利向中国出口的纸浆量占中国总进口纸浆量的15%。2018年，由于钛白粉巨头亨斯迈工厂接连遭受两场大火的冲击，纸浆价格以及纸张价格不断上涨。随后，许多地区的废纸价格慢慢回涨上调，整个废纸市场行情回暖。在买涨不买跌的心理下，一些纸厂趁机大量采购，导致库存量回升。就纸张整体市场行情来看，现阶段纸张供求重新趋于平衡和稳定，因此纸张的市场价格大幅上调的可能性较小，在短期内仍以小幅上涨为主。

除此之外，新闻纸纸厂连年亏损，其提价保本的运营策略也导致了新闻纸价格一路走高。但是，这也不排除有人为炒作的因素，如造纸厂为控制不断上涨的木浆原料价格而囤积原料等。

目前，尽管出版企业已经通过采取各种措施来控制生产成本，如优化产品生产线、控制单次用量和加印频率、采用纸张替代品等，但近几年来，纸张成本、人工成本和物流成本仍然与日俱增。因此，市场对印刷成本的影响不容忽视。

7.2.2.3 印制成本中的库存成本难以控制

库存积压是报纸出版企业面临的最大的问题之一。由于报纸出版企业缺乏对市场需求的了解以及营销宣传手段，也缺乏畅通的供求渠道，无法合理安排报纸的库存数量以及重印计划，面临着十分严峻的库存积压问题。2017年，报纸出版企业库存率上涨至22.67%，超过了行业平均水平。纸张库存及印制库存难以控制，具体表现为以下两点。

第一，常规纸张正常备货。报纸用纸是企业从纸商处调取的，印刷由专门的印刷厂完成。报纸出版企业需要参考市场价格、生产需要等各个方面的实际情况决定采购常规纸张的规格和数量。虽然批量采购的价格要优惠一些，但是这不仅会占用报纸出版企业大量的资金，而且报纸出版企业还要支出相应的库存成本。

第二，特殊尺寸的纸张需要根据生产需要进行采购。如果采购量过多，就要增加库存成本；如果采购量过少，就无法满足生产。这一问题十分复杂，需要报纸出版企业慎重考虑。

如果订单的周期较短，就要求企业必须大批量采购纸张；如果特殊规格纸张的订单可以由常规纸张替代，则可以适当减少特殊规格纸张的采购量，以降低纸张的损耗。

7.2.3 导致印制成本管理问题的主要原因

7.2.3.1 企业内部原因

7.2.3.1.1 企业成本观念较为模糊

企业成本是指企业在生产经营过程中需要支付的所有费用。企业通常比较关注生产方面的成本管理，如生产过程中使用的纸张、油墨、人力等方面的成本，而忽略了固定资产折旧、管理人员薪资、销售费用等固定成本。大部分企业对于成本的定义了解得比较片面，使其成本管理具有很大的局限性。

7.2.3.1.2 企业成本管理模式老化

企业当前使用的成本管理方法仅仅停留在节约各种开支的表面形式上，没有建立系统化的成本管理机制，这种落后的成本管理方法的作用非常小。最有效的成本管理方法是提高企业的生产效率和经营效率，这就要求企业引进或者自主开发先进的生产工艺和技术。以 Z 企业为例，目前 Z 企业仍然在使用手工操作的方法。因此，Z 企业迫切需要进行生产工艺和技术的更新，以此来提高生产效率，从根本上提高经营效益，实现成本管理目标。

7.2.3.1.3 企业成本管理信息滞后

成本管理需要参考市场环境的具体情况。例如，Z 企业的成本管理方法比较粗放，在材料采购、销售开票、库存等方面非常不严谨，各项数据不能及时进行记录保存，无法做到精细化管理。有时为了达到相应的指标，Z 企业甚至会人为修改相关数据，造成虚假现象，使企业的发展陷入恶性循环。因此，为了企业健康持续的发展，必须对传统的成本管理模式进行全面改进。

7.2.3.1.4 企业对资本运营缺乏认识

现阶段各行各业的市场竞争普遍比较激烈，在这种市场经济环境下，很多企业对资本运营缺乏深刻的认识。以 Z 企业为例，Z 企业会为了增加订单量选择以赊销的方式与客户进行交易。然而，很多客户的回款时间较长，使得企业的资金周转出现问题，严重耽误企业的生产进度。此外，Z 企业的库存产品比较多，不仅占用了大量的资金，还增加了库存费用，导致企业整体的盈利水平较低。因此，Z 企业的资金的保值和增值能力非常差。此外，有些印刷厂的大型设备一直闲置，未能充分发挥其变现能力。

7.2.3.2　市场变化快

7.2.3.2.1 市场受众受互联网影响大

在经济和科技飞速发展的今天，互联网技术和数字技术使得传统报纸出版企业的发展陷入瓶颈期。目前，很多网络媒体与传统印刷行业形成了竞争关系，绝大多数报纸、杂志、期刊等纸质读物已经被电子读物取代。因此，传统的印刷行业为了适应时代的发展趋势不得不进行转型发展。有关调查结果显示，未来印刷行业需要朝着数字化、规模化、国际化方向发展，不断提高生产效率和经济效益。随着环保政策的出台，绿色印刷也是未来印刷行业的发展方向。为此，印刷行业要积极引进互联网技术，提高生产经营效率。

7.2.3.2.2 市场信息变化快

目前，市场环境变化很快，消费者对印刷品的结构、材料等方面的需求具有很大的不确定性。因此，印刷行业需要用一种先进的管理软件收集市场信息，以便及时做出决策。例如，Z企业创建了一家专门研发印刷业管理软件的企业，该软件研发企业根据Z企业在印刷行业中的优势，通过不断研究和反复的试验，开发出了企业资源计划（Enterprise Resource Planning，简称ERP）软件，极大地提高了Z企业对市场的敏感度。

7.2.3.3 需求多样化

7.2.3.3.1 传统纸质报纸

近年来，传统纸媒的发展非常艰难。由于网络媒体的盛行，传统纸媒的发展受到了巨大的冲击，很多传统的纸媒企业难以生存，不得已退出市场。与此同时，有很多传统的纸媒企业也在积极寻求新的发展出路。

跨界发展成为传统纸质报纸的发展新趋势。在自媒体时代，媒体不再局限于报纸、杂志等固定的形式，而是朝着多元化、包容性、个性化、便利化的方向发展。

在竞争局势下，传统纸质报纸将朝着本土区域化发展。积极扩展传统纸质报纸的线下活动能力，开发传统纸质报纸的线下客户，让传统纸质报纸成为本地商业发展的一部分是传统纸媒的发展趋势。

7.2.3.3.2 电子报纸

随着互联网技术和智能终端设备的普及，越来越多的人选择从网络获取各种各样的信息，传统的纸质报纸在电子时代不再像以前那样受欢迎。

尽管如此，许多人还是保留着原有的阅读思维模式。因此，有的传统报纸企业就开始使用网络技术和计算机技术设计电子报纸。由于电子报纸可以在网络平台和光盘等电子载体中进行传播，电子报纸在很短的时间内就凭借自身的优势弥补了传统报纸的各种不足，具有很好的发展前景。

7.2.3.3.3 质量的新需求

人们通常认为报纸属于快速消费品，印刷质量不需要很好，只需注重信息的更新速度即可。随着社会的发展，市场需求发生了很大的变化，很多用户对报纸质量的要求越来越高。由于报纸行业受到网络媒体的巨大冲击，必须引进数字化技术研发新的出版模式，改善报纸的印刷质量，进行转型发展。

在报纸的成本中，纸张材料成本的占比较大，在30%以上。由此可见，纸张材料成本会直接影响印制成本。不同规格和克重的纸张的令价见表7-11。

表 7-11　不同规格和克重的纸张的令价

（单位：元）

克重	规格			
	720×960	787×1092	820×1080	850×1168
52 g	107.82	134.07	138.13	154.86
55 g	114.05	141.80	146.11	163.80
60 g	124.42	154.70	159.38	178.69

从表7-11中的相关数据来看，高克重纸张的价格往往比低克重纸张的价格高。

以正文10印张，印5 000册为例，在不考虑加放纸张材料的情况下，不同克重的纸张对印制成本的影响见表7-12。

表 7-12　不同纸张克重对印制成本的影响

（单位：元）

克重	55 g	60 g	70 g	105 g
令价	163.8	178.69	230	460
材料费	8 190	8 934.5	11 500	23 000
单册材料费	1.64	1.79	2.30	4.60

从表7-12中的相关数据来看，纸张克重对印制成本的影响较大。因此，在印制出版物时，需要根据出版物的内容选择合理的纸张材料，在纸张材料适用的范围内，进一步减少印制成本。

7.2.3.4　网络出版的冲击

在互联网时代，网络出版大幅加快了出版物的发行速度和发行范围，打破了时间和空间的限制，给传统出版行业带来了巨大的冲击。在网络出版时代，出版商可以通过互联网完成全球同步发行，进一步减少出版的环节，加快新旧传播载体出版物的发行速度。在信息时代，用户可以在网络中查看各类电子出版物、报纸期刊、音像制品等，电子商务也在网络出版流程中取代了传统的出版发行环节。阅读者可以在网络中以网页形式阅读信息，也可以将这些信息以文件形式发送给他人。与传统出版相比，网络出版不会出现库存问题。在未来电子商务发展的黄金时期，网络出版是出版行业发展的必由之路。此外，网络还使得出版部门与用户之间的信息交流变得非常容易，出版和营销模式都可以实现个性化。因此，传统出版业要更新出版理念，使其既符合网络出版的特点，又能满足用户的个性化需求。这对于传统出版业而言是一个严峻的挑战。

7.2.3.5　提倡绿色出版

随着社会对环保要求的提高，出版企业要对生产经营方式进行改革，不断加强环境行为控制，实现绿色出版。绿色出版是指图书刊物等读物使用的所有原材料、所处的生产环境、能源、生产工艺等方面都符合环保的要求。现阶段，出版行业中存在很多未固定的绿色指标，当前只制定了针对出版企业的绿色认证标准，但是否可以用同样的标准衡量出版企业上下游供应链上其他企业的环保情况还有待商榷。绿色出版要求出版企业在生产过程中使用环保的原材料、采取环保的生产工艺，这些都会增加出版企业的生产成本。但是，绿色出版是印刷行业未来的发展方向，企业不能为了眼前的利益放弃长远发展机会，应当使用环保新材料、环保工艺和技术更新传统的生产模式，真正做到绿色出版，抢占市场先机，提高市场竞争力。

7.3　企业印制成本管理的改进措施

要想改进报纸出版企业的印制成本管理，需要从以下几个方面入手：第一，建立健全财务管理制度；第二，革新市场认知，转变成本管理观念；第三，使传统报纸出版与电子报纸出版相融合；第四，企业联合进行印刷成本管理等。

7.3.1　建立健全财务管理制度

7.3.1.1　强化料、工环节管理

要想降低报纸出版企业印制成本费用，就要强化对其料、工环节的管理。实现对原材料的管理需要做好以下三个方面。第一，完善价格管理制度。报纸印刷的原材料主要是纸张、预涂感光版及油墨等，这些原材料也是印制报纸的主要供应产品。为降低原材料采购成本，企业要根据自身需求以及产品特点合理选择供应商。第二，要强化请购审批制度。印制部要根据预算计划及实际执行情况发出请购申请，将具体的采购清单输出为纸质资料，传达至采购部门。采购按照清单说明和要求及时处理和核实情况，做到科学采购，合理采购，避免产生采购浪费现象。第三，采购付款和入库验收要规范和标准。要积极与厂家沟通，做到付款明朗、正规、合法。对于量大的订单，为避免风险，需要事先与三个不同的供货厂家沟通好，财务人员要做好相关各方面的付款核算，确保账面清晰、数额精准。此外，依据优惠政策进行优惠时，要保留足够的相关证据资料。

对于印制成本控制中的人力成本管理，需要以效率和质量为基准，通过定向能力培训和外部经验交流等形式来拓展员工的职业技能和理念，加强对物料消耗的定额管理，并进一步制定严格的管理制度。

7.3.1.2　逐步完善印制成本管理制度

要想逐步完善印制成本管理制度，就要加强对定额配给管理制度、仓库管理制度、成本管理制度的完善与健全。定额配给是指根据行业标准和用量数据，再结合企业自身的技术和设备性能而编制的原料用量预算，根据这一预算可以形成定额指标，完成工作配给，从而提高原料的利用率，鞭策员工向业务精、能力强、效率高的技术水平迈进。定额管理除了包括原析料成本之外，还包括人力成本和其间费用等管理内容。会计人员在编制单位报告时，要从定额

数据和落实情况来综合考量。加强仓库管理制度就是将仓库内原材料变化的原因和结果录入，使管理档案标准化。对于原材料收发行为要进行及时监督，并做到不同人员分管而治，根据标准规范的领用原则和盘点货物准则进行规范管理，从而有效地弥补原管理制度的不足和漏洞。要想加强成本管理制度，就要对印制耗材进行使用前后核对，包括数量、质量、型号、尺寸等，保证物资的成本前后一致，然后再根据实际印制情况进行成本编制，得出真实、完整、有效、可靠的会计核算结果。

7.3.1.3　构建完善的成本核算原始记录制度

原始记录是印制报纸所消耗的所有材料的原始凭证，是成本管理的重要依据，是实现定额配给管理和成本管理的有效参考。因此，一切与印制有关的材料消耗都要记录在案，并妥善保存，为会计成本核算提供完整、可靠、真实、有效的数据，使原始记录具有系统性、完整性、真实性、有效性和全面性，更好地服务于印制成本核算。

7.3.2　革新市场认知及转变成本管理观念

理念是行为的先锋军，一个企业的市场理念会影响到企业定位。报纸出版企业要想在当前激烈的市场竞争环境中占据一席之地，必须转变报纸出版项目的管理模式，强化成本管理，合理减少成本。其中的关键就是转变管理观念，以科学的观念指导成本管理工作。

7.3.2.1　把握市场态势

把握市场态势即正确地认识报纸出版项目。为此，企业要注重培养新的管理思维，要清晰地认识、精准地把握出版行业的发展趋势。当前，其他媒体形式的发展，使得出版行业面临的竞争压力越来越大。行业内部的竞争、行业外部的发展压力，都要求报纸出版企业强化自身管理，合理降低出版项目的成本，拓展项目的盈利空间，树立全新的市场经济观念，树立正确的发展观念，促进报纸出版企业在市场竞争中占据有利地位。

7.3.2.2 转变成本管理的观念

第一，通过多种途径，强化员工的成本管理意识。通过多种渠道，对员工进行培训，培养员工的成本管理观念，并将其融入员工的日常工作。只有企业各个部门、各个员工都树立起人人都重视成本管理、人人都参与成本管理的观念，才能从根本上改变成本管理水平低、效率低的局面。

第二，强调合作，注重印制成本的全过程管理。报纸印制需要各部门通力合作完成，因为成本管理不只是单一环节的成本管理，还需要企业各个部门的共同参与。要想全面提升成本管理效果，不论是前期的信息收集、采购材料，还是后期的校对印刷、出版发行，都需要实施与工作内容相适应的管理措施，使得整个出版项目的成本管理从本质上发挥作用。此外，当前在业内有一种极为普遍的思想观念，就是出错是很正常的情况。这种理念导致人们在进行编辑排版的时候，态度不谨慎，进而将错误正常化、合理化。出现错误就需要返工，从而使得成本增加，延长项目的进展时间。因此，报纸出版企业要实施精细化的管理模式，深化市场经济观念；实施全流程成本管理，不论是对前期的信息收集还是对后期的宣传销售，都要制订成本计划并落实执行，以高质量、低成本强化竞争优势、拓展获利空间。

第三，原材料采购实施"量大从优"的采购策略，降低原材料的采购成本。报纸出版企业一般使用常规化的纸张，这类原材料可以单次大量购置，以获得生产厂家更多的优惠。通常情况下，采购纸张的时候，用现金结算能获得更多的优惠折扣，但是如果企业采取承兑汇票的方式进行结账，除了免利息之外，还能争取到更多的优惠。此外，采购人员要密切把握市场的变化趋势，预测纸张的行情走势，在低价的时候大量买进原材料，为用纸旺季囤货，减少纸张成本。

7.3.3 传统报纸出版与电子报纸出版融合发展

在以前，报纸出版行业的优势主要表现在采编的专业化、内容资源的丰富性方面，而现在电子阅读渠道凭借快速传播、随时更新、自由阅读、海量信息等优势获得了众多读者，尤其是年轻群体的青睐。为了有效地应对这种新的趋势，企业必须将传统出版与电子阅读进行有机结合，在内容方面进行创新。网络媒体使得平面媒体与电视媒体的界限越来越模糊，且呈现的内容整体表现出趋同性的态势，信息泛滥已经成为一种常态，内容创新成为报纸出版企业实现创新发展的必然趋势。在电子阅读环境下，纸质报纸也有一定的优势，如具有很强的收藏价值等。目前，纸质报纸还拥有一定的受众，报纸出版企业应继续保留并充分挖掘这一部分受众。

报纸出版企业应吸收融合电子报纸的优势，促使传统印刷报纸与电子报纸协同发展；转变经营理念，积极引进先进的观念。现在，大众的日常生活与互联网的关系越来越密切，且"互联网+"的发展模式也已经非常普遍。传统出版企业要积极利用这种新模式促进企业发展，对市场、用户、生产等进行重新定义，分析用户的习惯与需求，以需求为导向进行生产经营，将传统出版与电子报纸出版进行有效的融合。

报纸出版企业可以充分发挥资源库内储存的资源的作用，以此为基础研发新的产品，还可以通过当前盛行的互联网营销来增加自己的销量。要重视体制的转变，因为新形势、新环境、新需求、新变化等使得以往的体制无法适应当前的实际情况，借助当前的新技术实现新发展势在必行。

传统企业要想在当前的新趋势、新形态下实现互联网转型，首先要转变以往的思想观念、思维模式。互联网思维本质是基于互联网的使用改变以往的发展模式，实现新的发展目标。移动互联网思维是一种发展转变，也是一次发展机遇，如果传统行业不响应这种变化，势必会被淘汰。因此，传统行业要抓住机遇、积极创新，树立转型变革意识，为转型做铺垫。

报纸出版企业要对企业当前的发展现状进行深入、全面的分析，清晰地掌握自己的资源情况；对行业发展趋势、产业链中的各主体进行全面分析，对其他领域已经实现互联网转型的成功案例进行分析，借鉴、学习成功的经验，积极探索与印刷成本相符合的互联网发展模式，帮助企业确定转型的目标和实现途径等。此外，必须建立与企业实际相适应的管理机制，从而最大化的激发组织创新活力。需要注意的是，互联网下新型运作模式必须有相应的互联网平台作为支撑，这样才能帮助企业进行快速的规划设计，实现与业务运作的无缝对接。

7.3.4　建立企业联合印制成本管理

如前文所述，对于报纸出版企业而言，原材料的成本与企业经营利润具有直接的联系。例如，金融危机使得全球的纸浆价格上升，导致报纸出版企业的印制成本有所增加。由此可见，对报纸出版企业的印制成本管理进行改革势在必行、急不可待。基于信息物料技术的发展，报纸出版企业在进行印制成本管理的过程中应坚持以下措施，如图7-3所示。

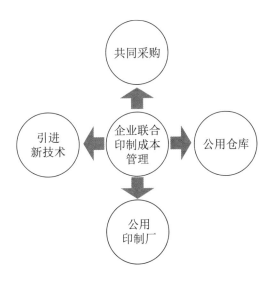

图 7-3　企业联合印制成本管理的措施

7.3.4.1　企业共同采购

各企业应基于地缘关系在原材料采购方面进行合作，增加单次采购量，以获得更多的价格优惠。小规模的企业可以将自己的原材料需求量与大规模企业的原材料需求进行合并，通过嵌套式采购享受低价成本。该模式在使大企业获得优惠价格的同时，还能通过向小企业收取适量的手续费用降低自己的成本；小企业虽然要支付一些手续费用，但是由于享受了采购价格优惠，整体成本呈减少趋势。

就印刷生产环节来讲，基于先进的技术用高质量的纸张印刷，会提升产品质量，更有机会接到大订单，增加项目的利润。此外，使用高质量的纸张，在一定程度上也有助于减少其他原材料的消耗，有助于降低生产成本。但是，纸张的品质与价格呈正比，选择高质量纸张，则意味着采购成本的增加，因此不能一味地追求用高质量纸张生产。此外，如果采用的印刷技术太落后，即使使用高质量的纸张也无法提升产品的质量。因此，要根据订单的具体情况确定纸张的质量，有效地节约企业的印制成本。

7.3.4.2 企业共用仓库

企业基于地缘关系达成合作，合作购买纸张，联合运输，分担运输成本。一家企业的采购量在运输的时候可能无法达到满载，在成本不变的情况下造成运力浪费，而多家企业联合运输，可以提高满载率，分担运输成本，进而降低企业的整体成本。很多企业普遍存在仓库面积、运输工具、仓管人员等资源欠缺的问题，因此企业之间可以通过资源共享解决资源不足问题，通过提高资源利用率来降低成本。

7.3.4.3 企业共用印制厂

企业实施印制厂共用，可以提高设备的使用效率，分担设备的成本。共用印刷厂可以根据印制产品的类型，运用品种法、分批法、分步法来实现。在一定的距离范围内，报纸出版企业可以通过互联网渠道与当地的纸张生产企业、印刷企业联系，事先商谈好价格等事项，并签订合作合同。纸张也可以由生产厂家负责送货，从而节省运费。

7.3.4.4 引进出版新技术

报纸出版企业的发展与印刷技术的革新应用有密切的关系。印刷技术的发展使得印刷市场的格局出现变化，很多小规模、粗放式管理的企业已经被市场淘汰。现在，电子印刷技术已经取代了传统印刷技术，电脑排版成为常态。由此可见，在数字时代，印刷行业正经历着新旧技术的更新迭代。受国内经济发展影响，我国已经成为印刷设备的最大消费市场。

7.3.4.4.1 采用绿色印制

目前，环保已经成为全球共同关注的话题。受其影响，绿色设备、环保工艺极受欢迎，很多国家也为该领域的新技术研发创新投入了大量的人力、物力、财力，支持采用绿色印制，将绿色设备、环保工艺应用于生产实践，以减少环境污染。组合印刷技术是当前最常用的一种新技艺，它在多种印刷技术提高印刷质量的基础上，还可以降低环境污染，提高生产效率，增加企业的获利水平。

目前，使用绿色包装已经成为一种新的理念，得到了人们广泛的理解和支持。此外，权威机构的绿色认证也越来越被企业重视。包装材料的回收利用，能够减少资源浪费，减少环境污染，降低印制成本。

7.3.4.4.2 智能印制

在信息化时代，智能化和自动化是生产方式的主要改革方向。人们充分整合了现代通信技术、计算机网络技术、智能控制技术和行业技术，并将这些技术广泛应用于印刷行业，促进了智能印刷的发展。智能印刷技术的发展主要表现在数字媒体技术的发展应用、绿色印刷技术的发展应用、组合印刷技术的发展应用等方面。其中，数字媒体印刷技术的发展速度尤为迅猛。目前，智能印刷已经成为一个新的发展趋势，它在节省人力成本的同时，提高了原材料的使用效率，提高了产品的质量，对于行业的整体发展具有积极的推动意义。

7.4　结论与展望

7.4.1　研究结论

如今，市场需求随着社会的发展演进朝着多元化方向发展，报纸出版行业的市场分工越来越精细。报纸出版企业需要专业的团队进行专业的管理来提升自身的发展速度。大量的研究证实，报纸出版企业印制成本直接关系到企业的经济效益和未来发展，因此实施成本管理非常有必要。报纸出版企业印制成本管理是成本管理的重要组成部分，是一项系统性的工作，因此实施成本管理，必须要在财务管理、流程管理等方面做出调整和改进，确保成本管理措施得以有效执行。这是报纸出版企业确保产品质量不受影响的同时降低生产成本的主要途径，也是提升企业竞争力的主要方式。

作者查阅了大量的历史研究资料，借鉴了很多成本管理的相关理论著作，基于企业的实际对报纸出版企业在成本管理方面存在的普遍性问题进行了探究；以理论为指导，基于分析发现的问题提出了有针对性的解决策略，为报纸出版企业实施高效的成本管理措施、合理降低印制成本提供了指导和建议。报纸印制对于报纸出版企业来讲，是发展的基石、经济效益的来源。因此，转变发展观念，调整采购模式，以互联网思维进行创新，引进先进的技术，在报纸印制的全过程做好成本管理工作，有利于提高资源利用效率，降低成本，提升企业的竞争力，促使企业凭借高质量的产品、先进的管理、优质的服务得到市场的高度认可。

作者首先利用案例分析法对报纸出版企业的印制成本的分析指标体系进行了研究，为后续定量研究提供了科学的分析框架。研究发现，印制成本管理体系存在多个问题，很多报纸出版企业都存在财务印制管理制度不完善、印制成本受市场影响大、印制成本库存难以控制等问题。总之，报纸出版企业印制成本管理的多个方面都有待进一步提升。

基于上述指出的各项问题，作者提出了一些建议，希望可以为报纸出版企业提供一些参考。

7.4.2 不足与展望

成本管理在报纸出版行业的实践应用并不普遍，很多企业并未认识到该项工作的重要性。虽然很多大规模的报纸出版企业都实施了成本管理，但是体系较不完善，管理效果也大打折扣。

对于此，后续的研究可以从以下几个方面开展。

首先，本章只选取了一家企业作为实证分析对象，研究方法比较单一。因此，后续的研究可以对上市的出版企业、中小型出版企业、国有出版企业等进行研究，从不同的角度进行分析探究，并综合使用多种方法，使研究结果更为科学。此外，本章提出的策略并未在实践中进行验证检验，后续可以以此为出发点进行验证，并进行完善，提升策略的可行性。

其次，本章选用的指标及数据都是以Z企业为基础的，这些指标是否适用于其他企业还有待检验。印刷成本管理不仅是确保报纸出版企业长久发展的一项管理内容，对于整个行业的发展及社会的发展都有重要的意义。因此，以该视角开展研究是科学可行的。后续研究可以对该项研究进行深化，为实践工作提供更为科学的理论指导。

参考文献

[1]杨海平.财务管理与成本控制[M].北京：中国纺织出版社，2018.

[2]荆新，王化成，刘俊彦.财务管理学[M].北京：中国人民大学出版社，2018.

[3]杜晓荣，张颖，陆庆春.成本控制与管理[M].北京：清华大学出版社，2018.

[4]肖淑芳，佟岩，刘宁悦.财务管理学[M].北京：北京理工大学出版社，2018.

[5]古华，邱菊，刘畅.财务管理[M].北京：清华大学出版社，2018.

[6]陈国欣.财务管理学[M].北京：南开大学出版社，2018.

[7]刘淑莲.财务管理[M].辽宁：东北财经大学出版社，2017.

[8]王化成.财务管理[M].北京：中国人民大学出版社，2017.

[9]何琳.企业财务管理中的成本控制工作分析[J].财会学习，2019（9）：84-86.

[10]郑琳.成本控制对企业财务管理目标实现的作用研究[J].财会学习，2019（8）：85.

[11]盛开轩.企业财务管理中的成本控制工作分析[J].中国市场，2019（6）：141-142.

[12]罗萍.管理会计、成本会计、财务管理内容交叉问题探究[J].商场现代化，2019（3）：167-168.

[13]刘芳.制造业财务管理中的成本控制[J].财会学习，2018（34）：52，55.

[14]刘月春.基于成本控制视角的工业企业财务管理研究[J].现代营销（下旬刊），2018（12）：218.

[15]谭绍军.企业财务管理中的成本控制工作分析[J].全国流通经济，2018（34）：137-138.

[16]许旭琴.企业财务管理中的成本控制工作分析[J].现代经济信息，2018（22）：270.

[17]高强.现代企业成本控制与财务管理探讨探究[J].经贸实践，2018（22）：100.

[18]罗广蔚.企业财务管理中的成本控制研究[J].中国商论，2018（32）：107-108.

[19]马航.企业财务管理在成本控制方面的应用[J].全国流通经济，2018（32）：35-36.

[20]刘伟.管理会计在医院财务管理中的应用及强化举措分析[J].世界最新医学信息文

摘，2018（91）：189.

[21]王梦. 在企业财务管理中成本控制的作用及运用[J]. 才智，2018（31）：235.

[22]谭旭春. 企业财务管理中的成本控制问题研究[J]. 时代金融，2018（30）：120，

　　125.

[23]李淑忠. 企业财务管理与成本核算强化策略[J]. 财会学习，2018（29）：14-15.

[24]李阳. 浅析财务管理与成本控制目标[J]. 中国市场，2018（33）：156-157.

[25]王荣仿. 试论企业财务管理中的成本控制[J]. 财会学习，2017（24）：52-53.

[26]王琳. 成本控制在财务管理中的应用[J]. 合作经济与科技，2017（24）：174-175.

[27]张东胜. 企业成本控制在财务管理中的作用探讨[J]. 环渤海经济瞭望，2017

　　（12）：84-85.

[28]陈彩霞. 成本控制下的制造企业财务管理[J]. 中外企业家，2017（34）：186，188.

[29]何瑞. 企业财务管理中的成本控制工作分析[J]. 企业改革与管理，2017（22）：146.

[30]王周佳. 利用财务管理对成本进行控制的措施分析[J]. 现代国企研究，2017（22）：

　　199，201.

后　记

　　财务管理是企业管理的中心，是贯穿企业发展的主线，对于企业的生存和发展有至关重要的作用。可以说，企业实现可持续发展的关键就在于财务管理。财务管理是随着生产管理的需求产生的，由于社会生产力不断发展，财务管理也变得更加复杂。

　　企业实现可持续发展的重要因素之一就是财务管理，而财务管理的主要内容则是成本控制。随着社会主义市场经济和现代企业制度的逐步建立与完善，成本管理已经成为财务管理重点关注的问题之一。如今，企业的相关制度日益完善，企业逐步从整个过程、多个角度出发，向企业的每个部门、每位员工普及成本控制。

　　企业要想获得最大利润，就要做到开源节流。如果企业不进行成本控制，企业财务管理目标就不可能实现。由此可见，实现企业财务管理目标的根本手段就是成本控制。

　　只有将成本控制与企业财务管理进行有效的融合，更加合理地分配社会资源，使收益最大化，才能实现企业的最终目标，进而促进国家经济的繁荣发展，推动社会的进步。